英検® 準2級の
英作文・面接をゼロから7日で攻略する本

ミトママ
英検®対策
コーチングスクール
「エイゴバ」事業責任者

KADOKAWA

本書の特長と使い方

英検を本気で取りたい人、自信をつけたい人、英語で人生を変えたい人へ。
この本は短期間で英検 ® 準 2 級の英作文と面接を同時に対策できる本です。

英作文と面接は出題されるトピックが似ているから、2 技能を同時に学習するのが効率的です。英検® 対策コーチングスクールでのカリキュラム開発や多くの生徒様のサポートで培ってきたノウハウを、本書にふんだんに盛り込みました。ライティング・スピーキングは基本をおさえて効率よく学習すれば、誰でも高得点が取りやすい分野です！

試験まで全く時間がない人	DAY 1・DAY 7で全体像をつかみ、DAY 2〜6の鉄板ボキャブラリーに目を通しましょう。
最低限合格する力が欲しい人	鉄板ボキャブラリーの音読や、Exercise・模試を最低でも一周通しで行いましょう。
余裕で合格する力が欲しい人	鉄板ボキャブラリーの音読や、Exercise・模試を何周もくり返しましょう。添削を頼める先生がいればお願いするのも有効です。

個人差はありますが、1 日 2 〜 3 時間の学習時間を想定しています。最短 7 日間で仕上げることができるので、集中して学習しましょう！ DAY 1 はライティング対策、DAY 7 はスピーキング対策に特化し、DAY 2 〜 6 ではライティング・スピーキングどちらにも使える表現を学習できます。

1. 試験で本当に役立つ鉄板表現を厳選！

短期間で身につけられるように、ライティング・スピーキングで使える鉄板フレーズ・ボキャブラリーを厳選しました。インプットとアウトプットをバランス良く入れて、誰でも定着できるようにしています。

2. 本番でそのまま使える例文をたくさん掲載！

本書に掲載されている英文は、意見を述べる際に使える例文ばかりです。音読や練習問題で覚えてしまい、試験に役立ててください。

3.Exerciseや模試の問題はすべてオリジナル!

本書で出題している問題はすべて、試験を研究して作成した予想問題です。おためし模試で徐々に問題の形式に慣れて、最後は模試で本番を意識して力試しをしましょう。

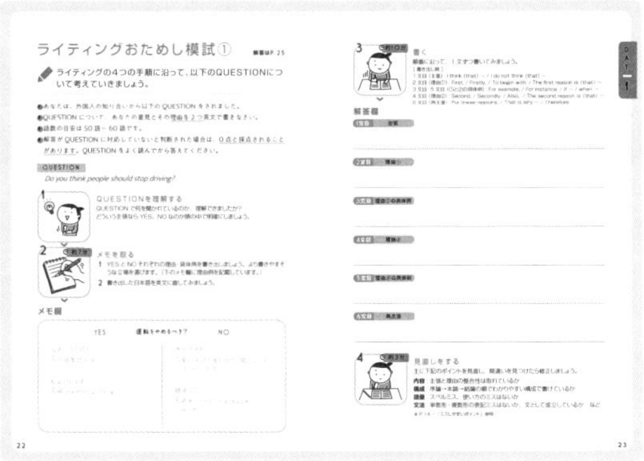

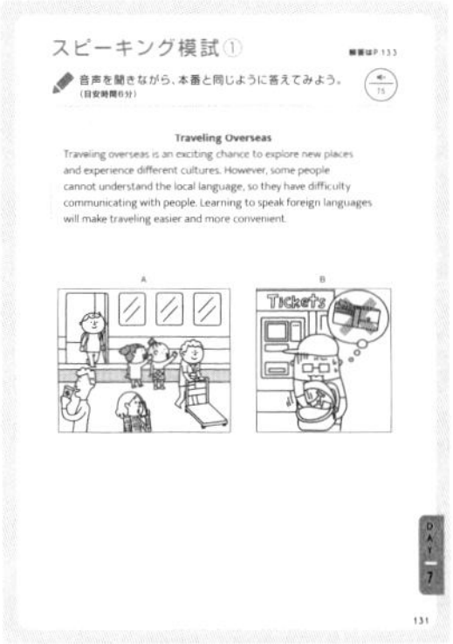
スピーキング模試①
解答はP.133
音声を聞きながら、本番と同じように答えてみよう。
(目安時間6分)

Traveling Overseas

Traveling overseas is an exciting chance to explore new places and experience different cultures. However, some people cannot understand the local language, so they have difficulty communicating with people. Learning to speak foreign languages will make traveling easier and more convenient.

A
B
131

ぜひ音声とともに学習しましょう!

(01)のマークを見つけたら音声を聞いて音読をしましょう。音読で英語特有の感覚が身体に染み込みます。音声を聞く方法は以下の 2 つです。

1 パソコンで音声データをダウンロードする場合

https://www.kadokawa.co.jp/product/322302001463/

ユーザー名 eiken_pre2　パスワード 7day_kouryaku

上記の URL へアクセスいただくと、データを無料ダウンロードできます。「ダウンロードはこちら」という一文をクリックして、ユーザー名とパスワードをご入力のうえダウンロードし、ご利用ください。

注意事項

- ダウンロードはパソコンからのみとなります。携帯電話・スマートフォンからのダウンロードはできません。
- 音声は mp3 形式で保存されています。お聞きいただくには、mp3 で再生できる環境が必要です。
- ダウンロードページへのアクセスがうまくいかない場合は、お使いのブラウザが最新であるかどうかご確認ください。また、ダウンロードする前に、パソコンに十分な空き容量があることをご確認ください。
- フォルダは圧縮されていますので、解凍したうえでご利用ください。
- 本ダウンロードデータを私的使用範囲外で複製、または第三者に譲渡・販売・再配布する行為は固く禁止されております。
- なお、本サービスは予告なく終了する場合がございます。あらかじめご了承ください。

2 スマートフォンで音声を聴く場合

ご利用の場合は、QR コードまたは URL より、スマートフォンに abceed のアプリ(無料)をダウンロードし、本書を検索してください。

https://www.abceed.com/

*abceed は株式会社 Globee のサービスです(2023年10月時点)。

Contents

DAY 1

英検準2級のライティング&ライティングの基礎

LESSON 1 準2級の特徴

ライティングの配点

英検の一次試験はリーディング・リスニング・ライティングの3技能で構成されています。準2級のCSEスコアは各600点満点。問題数の多いリーディング・リスニングに対して**ライティングは1問で600点満点という配点の高さが特徴**です。

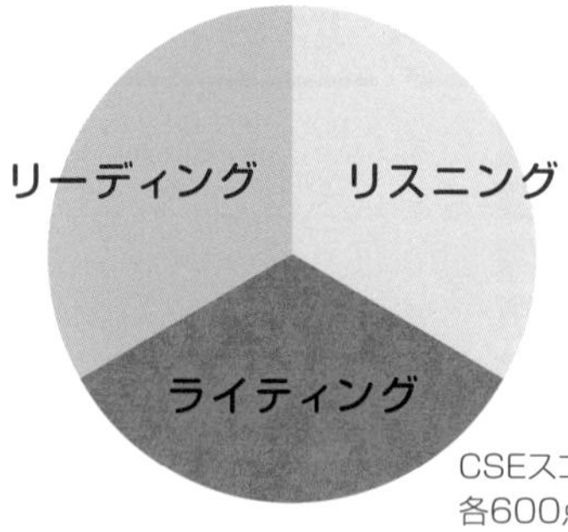

CSEスコアは各600点

※2024年度第1回からはリニューアルに伴い、各パートの問題数や配点が変わる可能性があります。

求められる英語力

準2級に合格するためには約3600語の語彙力や高校中級程度の文法知識が必要です。ただし、**ライティングではそこまで高い語彙力・文法力は求められていません**。なぜなら**ライティングの採点は減点方式**だからです。

覚えたばかりの難しい単語や文法を頑張って使ってみても、加点になるどころか、使い方を間違えたりスペルミスをすれば減点されてしまうことも。

ライティングで高得点を目指すのに大切なことは、**正しく書く自信のある単語や文法だけを使うということ**。リーディングやリスニングに比べて求められる語彙・文法の難易度はぐんと下がり、得点源になりやすいのがライティングです。

頻出テーマ・QUESTION例

テーマ	QUESTION例
教育・学校	留学するべき? 子どもにスマートフォンを持たせるべき? 習い事はするべき?
環境・科学	エコバッグを持つべき? 電気自動車に乗るべき? リサイクル用品を使うべき?
生活・健康	現金払いは廃止されるべき? 休日は外出するべき? 朝ご飯を食べるべき?
テクノロジー・ビジネス	SNSでコミュニケーションを取るべき? オンラインショッピングをするべき? ロボットに家事をやってもらうべき?

実際の出題形式

- あなたは、外国人の知り合いから以下の QUESTION をされました。
- QUESTION について、あなたの意見とその理由を 2 つ英文で書きなさい。
- 語数の目安は 50 語～ 60 語です。
- 解答は、解答用紙の B 面にあるライティング解答欄に書きなさい。なお、解答欄の外に書かれたものは採点されません。
- 解答が QUESTION に対応していないと判断された場合は、0 点と採点されることがあります。QUESTION をよく読んでから答えてください。

QUESTION

Do you think it is good for children to play video games?

LESSON 2 ライティングの手順

ライティングは、下記の 4 つのステップ順に進めます。

1
2 約 7 分
3 約10分
4 約 3 分
QUESTIONを理解する
メモを取る
書く
見直しをする

1. QUESTIONを理解する

QUESTION で何を聞かれているのかを正確に理解することは英作文において最も重要です。「早く書き始めなきゃ」と焦らずに、落ち着いて読むようにしましょう。どんなに文法的に正しい英文が書けていても、内容がトピックと矛盾していると残念ながら点数をつけてもらえない可能性があります。

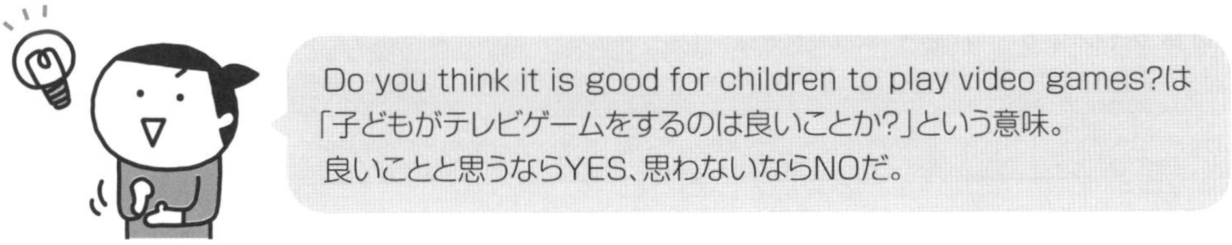
Do you think it is good for children to play video games?は
「子どもがテレビゲームをするのは良いことか？」という意味。
良いことと思うならYES、思わないならNOだ。

2.メモを取る（約7分）

メモはライティングで高得点を取るためにとても大切な事前準備です。段階を踏んで書いていきましょう。

YESとNOそれぞれの理由・具体例を書き出す

多くの QUESTION は、YES か NO を問う Do you ～？形式です。2つの中でどちらが良いかを問う Which 形式や、何・最適な年齢や時期等を問う What 形式もあります。

YES・NO のそれぞれの立場で思いつく理由をまずは日本語で挙げましょう。**理由はざっくり**で OK。できるだけあとで英語に直しやすい簡単な日本語で書くようにします。

立場と理由は「自分の本当の意見かどうか」ではなく「**どの理由が一番英語で書きやすそうか**」という観点で決めるのがコツです。

具体例は「それで？　例えば？」と問いかけるように掘り下げていきます。

メモ例

※実際の試験のメモ欄は空欄

子どもがテレビゲームをするのは良い？

YES	NO
理由→ざっくりでOK ストレス解消になる 具体例→それで?　例えば? ゲームをしてるときは勉強の心配をしなくて良い	ざっくり 勉強の時間が減る それで?　例えば? 本を読んだり宿題をしたりする時間が減る
ざっくり 友達を作れる それで?　例えば? クラスメイトとゲームについて話せる それで?　例えば? オンラインでゲームを一緒にできる	ざっくり 健康に悪い それで?　例えば? 寝不足・目が悪くなる

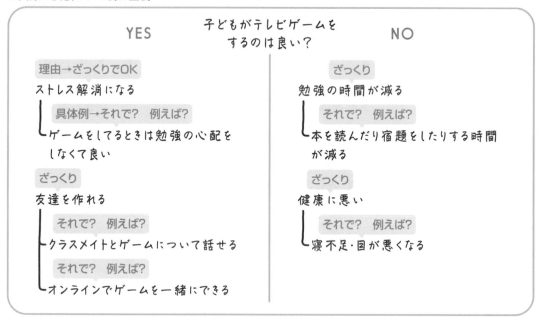

英文に直す

理由とその具体例についてのメモを英訳しましょう。2つの理由と具体例について英語で書くイメージができたら、残りは書かなくてOK。

YES 子どもがテレビゲームをするのは良い？

children can relax
~~ストレス解消になる~~ →リラックスできる◎
When they ~, they do not have to worry about studying.
ゲームをしてるときは勉強の心配をしなくて良い◎
can make friends
友達を作れる◎
talk about games with classmates
クラスメイトとゲームについて話せる◎
オンラインでゲームを一緒にできる

理由を明確にした1文を書きます。

△悪い例 It is a good idea.「それは良い考えです。」
→この文章だけだと「どうして良い考えなのか」の理由がわかりません。
◎良い例 Children can relax.「子どもはリラックスできる。」→「リラックスできる」という理由がしっかり書かれています。

言い換えの思考

「ストレス解消になる」→「解消」って英語でなんて言うんだっけ?→ストレスはリラックスしていたら生まれない。だから「リラックスできる」でいいか。Children can relax. →「テレビゲームをするとリラックスできます。」If children play video games, they can relax.

※ちなみに「ストレス解消になる」は、"relieve stress" と表現できます。

3.書く（約10分）

メモが完成したら、構成順に文章を組み立てていきます。

※詳しくは 次ページ P.10 ～の「ライティングの構成と型」を参考にしてください。

4.見直しをする（約3分）

書いた後、ミスがないかどうか一度全文を読み返してみましょう。ライティングは**内容・構成・語彙・文法**の4つの観点で採点されます。「内容（主張と理由）の整合性は取れているか」「序論→本論→結論の順でわかりやすい構成で書けているか」「語彙のスペルミス・使い方のミスはないか」「文法間違いはないか」の観点でチェックするようにしましょう。

※その他具体的な見直すべきポイントは P.14 ～の「ミスしやすいポイント」を参考にしてください。

LESSON 3 ライティングの構成と型

英検のライティングは、

Introduction（序論）→ Body（本論）→ Conclusion（結論） の3部構成です。

Introductionであなたの主張を述べ、Bodyで主張を裏づける理由2つとそれぞれの具体例を挙げ、Conclusionで最初の主張を繰り返します。

この構成で6文書くのがおすすめです。ただし、5文目を書いた時点ですでに60語程度に達している場合は、6文目（Conclusion）は省略してOK！

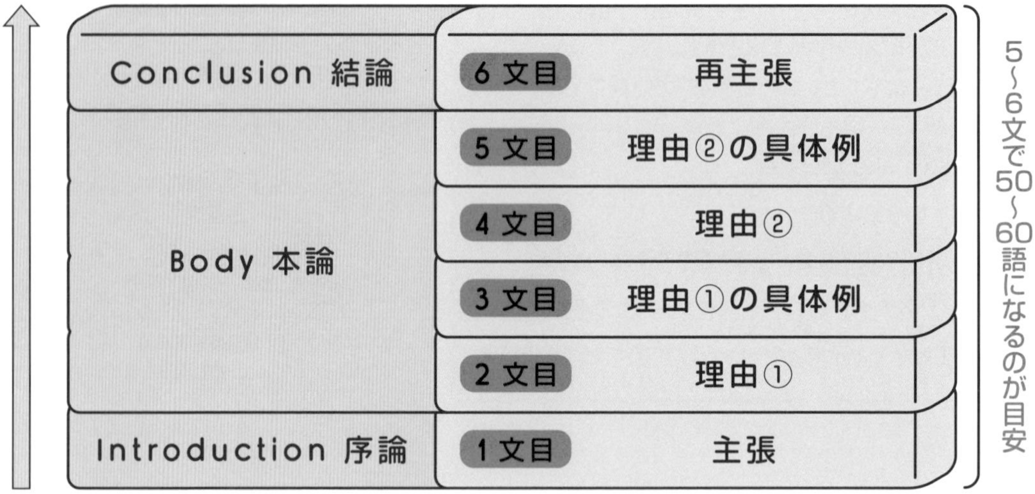

1. Introduction（序論）を書く

1文目 あなたの主張

QUESTION

Do you think it is good for children to play video games?

子どもがテレビゲームをするのは良いことだと思いますか？

QUESTIONからそのまま持ってくればOK！

I think that it is good for children to play video games.
私は子どもがテレビゲームをするのは良いことだと思います。

冒頭で使える表現
YESの主張：I think (that) ~
NOの主張：I do not think (that) ~

2.Body（本論）を書く

2 文目 理由1つ目

First, children can relax.
1つ目に、子どもはリラックスできます。

children can relax
~~ストレス解消になる~~
→リラックスできる◎

冒頭で使える表現 First, / Firstly, / To begin with, / The first reason is (that) ～

3 文目 理由1つ目の具体例

When they ～, they do not have to worry about studying.
ゲームをしてるときは勉強の心配をしなくて良い

When they play video games, they do not have to worry about studying.
テレビゲームをするとき、彼らは勉強の心配をする必要がないです。

具体例で使える表現 For example,「例えば」/ For instance,「例えば」/ if ～「もし～ならば」/ when ～「～とき」/ such as ～「～のような」

4 文目 理由2つ目

Second, they can make friends.
2つ目に、彼らは友達を作ることができます。

can make friends
友達を作れる◎

冒頭で使える表現 Second, / Secondly, / Also, / The second reason is (that) ～

※1つ目の理由、2つ目の理由は次のようなセットで使うのがおすすめ。

例 First, + Second, / Firstly, + Secondly, / To begin with, + Also, /
The first reason is (that) ～ + The second reason is (that) ～

5 文目 理由2つ目の具体例

talk about games with classmates
クラスメイトとゲームについて話せる◎

For example, talking about games with classmates can be a good opportunity.
例えば、クラスメイトとゲームについて話すことは良い機会になります。

具体例で使える表現 For example,「例えば」/ For instance,「例えば」/ if ～「もし～ならば」/ when ～「～とき」/ such as ～「～のような」

※理由1つ目、2つ目でどちらも「例えば」と言いたいときは、どちらも For example, にするのではなく、どちらか一方で For instance, も使うのがおすすめ。できるだけ全く同じ表現を使わないようにしましょう。

3.Conclusion(結論)を書く

6文目 主張を再度述べる(1文目と同じ主張)

For these reasons, I think it is good for children to play video games.
これらの理由から、私は子どもがテレビゲームをするのは良いことだと思います。

6文目で使っているのは1文目と同じ it is good for A to ～.(A にとって～するのは良いことだ)という構文ですが、**主張の文章は言い換えられるとレベル UP!**

主張(1文目と6文目)を言い換える鉄板パターン

For these reasons, I think that

it is a good idea for A to ～. **Aにとって～するのは良い考えだ。**	it is a good idea for children to play video games. 子どもがテレビゲームをするのは良い考えです。
～ing is good for A. **～することはAにとって良い。**	playing video games is good for children. テレビゲームをすることは子どもにとって良いことです。
A should ～. **Aは～すべきだ。**	children should play video games. 子どもはテレビゲームをするべきです。

冒頭で使える表現 For these reasons,「このため」/ That is why ～「というわけで」/ Therefore,「それゆえに」

解答例

I think that it is good for children to play video games.

First, children can relax. When they play video games, they do not have to worry about studying.

Second, they can make friends. For example, talking about games with classmates can be a good opportunity.

For these reasons, I think it is good for children to play video games. (60語)

私は子どもがテレビゲームをするのは良いことだと思います。

1つ目に、子どもはリラックスできます。テレビゲームをするとき、彼らは勉強の心配をする必要がないです。

2つ目に、彼らは友達を作ることができます。例えば、クラスメイトとゲームについて話すことは良い機会になります。

これらの理由から、私は子どもがテレビゲームをするのは良いことだと思います。

LESSON 4 英文を書くときのポイント

段落毎の改行やインデント（段落の頭に空白を作ること）をうまく活用する

改行やインデントは必須ではないですが、活用することで解答例のように読みやすい英文を書くことができます。

短縮形は使わない

don't や can't などの短縮形は日常会話や非公式な文書で使われることが多いです。ライティングで短縮形を使うことは基本的に避けましょう。

例 don't → do not / doesn't → does not / can't → cannot / shouldn't → should not
※ cannot は can と not の間にスペースが入らないように注意。

語数は50～60語程度に収める

50 語より極端に少なくなる、60 語より極端に多くなることがないように注意しましょう。 少なすぎると情報量が足りない、多すぎると無駄が多いといったマイナス評価につながることがあります。

ライティングの形式

従来型試験は手書きのみですが、S-CBT 試験（コンピューター形式）では紙に**手書き**するか、キーボードを使って PC で**タイピング**するかのどちらかを事前に選択することができます。

※申し込み後に形式を変更することはできません。

形式	従来型	S-CBT
手書き  ▶タイピングが苦手でもOK	○	○
タイピング  ▶語数が自動で表示される ▶途中の編集・修正が楽	—	○

LESSON 5 ミスしやすいポイント

準２級合格を目指す学習者がミスしやすいポイントを例と一緒にまとめました。

下記のポイントを意識して書くようにしましょう。書き終わってからの見直しの際にも参考にしてください。

1. 単数形・複数形が交ざる

理由が２つあります。

✕ I have a two reasons. ➜ ○ I have two reasons.

→理由が２つある場合は複数形になるので、単数形の a は不要。

私たちはたくさんのことを学ぶことができます。

✕ We can learn a lot of thing. ➜ ○ We can learn a lot of **things**.

→「たくさんのこと」は複数形なので s が必要。

制服は必要です。

✕ School uniforms is necessary. ➜ ○ School uniforms **are** necessary.

→主語が複数形の school uniforms の場合、動詞は are です。

※単数形の A school uniform is ～も文法的に間違いではないですが、一般論として制服について話す際は複数形の school uniforms で表すことが多いです。

2. 三単現の s が抜ける

海外旅行をするにはたくさんお金がかかります。

✕ It cost a lot of money to travel abroad.

→ここでは主語が It なので、一般動詞の現在形 cost には三単現の s がつきます。

➜ ○ It **costs** a lot of money to travel abroad.

※ cost の過去形は cost なので、s をつけないと「お金がかかった」という意味になってしまいます。

時間がかかりません。

✕ It do not take time. ➜ ○ It **does not** take time.

→主語が It の場合、一般動詞の否定形は do not ではなく does not にします。

3. be 動詞と一般動詞を並べて使う

テレビを見ることを楽しむ人もいます。

✕ Some people are enjoy watching TV. ➜ ○ Some people **enjoy** watching TV.

→同じ文章内で複数の動詞を使うことはできません。ここでは be 動詞 are と一般動詞 enjoy が重複しています。和訳は現在形なので、be 動詞 are は不要です。

Exercise

解答はP.24

間違い探しでチェック!

下記の英文には1箇所誤りがあります。誤っている箇所を○で囲い、「正」欄に正しい表現を書きましょう。

※誤っている単語を消すだけの場合は、「正」欄に×と書くこと。/ 足りない表現を書き足す場合は、挿入箇所に○をすること。

例1 子どもは放課後たくさんやることがあります。
Children has many things to do after school.
正 have

例2 例えば、私たちは海外に行くことができます。
For example, go overseas.
正 we can

1 都会には高いビルがたくさんあります。
There is so many tall buildings in urban areas.

正 ______________________

2 1つ目の理由は健康に良いということです。
The first reasons is that it is good for health.

正 ______________________

3 言語を学ぶのには時間がたくさんかかります。
It take a lot of time to learn a language.

正 ______________________

4 私たちは情報を共有するためにSNSを使います。
We are use social media to share information.

正 ______________________

5 オンラインゲームは人々に興味を持たせます。
Playing online games is interests people.

正 ______________________

4.文頭で大文字を使わない・文中で大文字を使う

1つ目に、子どもはスマートフォンを使うことができます。

✕ first, Children can use smartphones.

→文頭の first の f は大文字に、文中の Children の C は小文字にする必要があります。

➜ ○ **First**, **children** can use smartphones.

※固有名詞の場合は文中であっても大文字を使います。

例 English「英語」/ Japan「日本」/ the United States「アメリカ」/ YouTube「ユーチューブ」

5.不完全な文になる

For example, / For instance, / such as などで例を挙げるときによくあるミス！

例えば、パソコン、スマートフォン、タブレット端末。

✕ For example, computers, smartphones, and tablet devices.

→〈For example, 名詞, 名詞, and 名詞.〉は文として成立しません。主語と動詞が必要。

例えば、私たちはパソコン、スマートフォン、タブレット端末を使います。

➜ ○ For example, **we use** computers, smartphones, and tablet devices.

インスタグラム、ユーチューブ、ティックトックなどの SNS。

✕ Social media such as Instagram, YouTube, and TikTok.

→主語と動詞がないので文として成立していません。必ず主語と動詞を入れましょう。

多くの人がインスタグラム、ユーチューブ、ティックトックなどの SNS を使います。

➜ ○ **Many people use social media** such as Instagram, YouTube, and TikTok.

6.不可算名詞に単数形のa(n)や複数形のsをつける

不可算名詞は数えられないので、a(n)をつけて単数形にしたり、s をつけて複数形にしたりできません。

お金	✕ a money / moneys	○ money
ニュース	✕ a news / newses	○ news
食べもの	✕ a food / foods	○ food
	※食べものの「種類」を指すときは可算名詞として扱われることもあります。	
情報	✕ an information / informations	○ information

ストレス	✕ a stress / stresses	○ stress
健康	✕ a health / healths	○ health
空間	✕ a space / spaces	○ space
	※境界線が引かれた「特定の空間」を指すときは可算名詞として扱われることもあります。	

Exercise

解答はP.24

間違い探しでチェック!

下記の英文には1箇所誤りがあります。誤っている箇所を○で囲い、「正」欄に正しい表現を書きましょう。

※誤っている単語を消すだけの場合は、「正」欄に×と書くこと。/ 足りない表現を書き足す場合は、挿入箇所に○をすること。

例 1 子どもは放課後たくさんやることがあります。
Children has many things to do after school.
正 have

例 2 例えば、私たちは海外に行くことができます。
For example, go overseas.
正 we can

1 毎日料理をする必要はありません。
it is not necessary to cook every day.

正 ______________________

2 例えば、彼らは野菜、果物、魚を食べます。
For instance, eat vegetables, fruit, and fish.

正 ______________________

3 例えば、学生はテニス、野球、サッカーなどたくさんの種類のスポーツを楽しみます。
For example, many kinds of sports such as tennis, baseball, and soccer.

正 ______________________

4 健康的な食事をとることが大切です。
It is important to eat a healthy food.

正 ______________________

5 人々はインターネットで情報を得ます。
People get informations by using the Internet.

正 ______________________

7.単語に不要なスペースを入れる

朝ごはん	× break fast	○ breakfast
スマートフォン	× smart phone	○ smartphone
新聞	× news paper	○ newspaper
地震	× earth quake	○ earthquake
宿題	× home work	○ homework
どこでも	× every where	○ everywhere
誰でも	× every one	○ everyone
何でも	× any thing	○ anything

※ every day「毎日」/ every week「毎週」/ every month「毎月」は、スペースを空けることに注意。

8.スペルミスをする

可能な	× abel / abre	○ able
便利な	× convinient / convienient	○ convenient
危険な	× dangarous / dengerous	○ dangerous
エネルギー	× enelgy / enerugy	○ energy
最初の	× frst / fisrt	○ first
海外の	× forien / foriegn	○ foreign
隣人	× neghber / niehbor	○ neighbor
社会	× soceity / socity	○ society
すでに	× aready / arleady	○ already
彼らの	× ther / thier	○ their
辞書	× dicshonary / dictionery	○ dictionary
友達	× frend / freind	○ friend
お気に入りの	× fevoritet / favorit	○ favorite
美術館	× musium / musuem	○ museum
親	× perent / pairent	○ parent
休日	× vakation / vacashon	○ vacation

Exercise

解答はP.24

間違い探しでチェック！

下記の英文には1箇所誤りがあります。誤っている箇所を○で囲い、「正」欄に正しい表現を書きましょう。

※誤っている単語を消すだけの場合は、「正」欄に×と書くこと。/ 足りない表現を書き足す場合は、挿入箇所に○をすること。

例1 子どもは放課後たくさんやることがあります。
Children (has) many things to do after school.

正 have

例2 例えば、私たちは海外に行くことができます。
For example, ○ go overseas.

正 we can

1 最近では、ほとんどの子どもがスマートフォンを持っています。
Most children have smart phones these days.

正 ＿＿＿＿＿＿＿＿

2 私たちはオンラインで何でも買うことができます。
We can buy any thing online.

正 ＿＿＿＿＿＿＿＿

3 1つ目に、ふだんから運動することは大切です。
Fisrt, it is important to exercise regularly.

正 ＿＿＿＿＿＿＿＿

4 学生は海外の友達を作ることができます。
Students can make foriegn friends.

正 ＿＿＿＿＿＿＿＿

5 電子辞書は勉強に便利です。
Electronic dictioneries are convenient for studying.

正 ＿＿＿＿＿＿＿＿

LESSON 6 QUESTIONと回答パターン

下記のパターンのQUESTIONが出題されますので、「こういう聞かれ方をしたらこう答える」という回答パターンをおさえておくと便利です。

Do you ～? パターン

› Do you think it is good / a good idea / important / better for A to ～ ?

Aにとって～することは良い / 良い考え / 重要 / より良いと思いますか？

(YES回答) I think (that) it is good / a good idea / important / better for A to ～ .
(NO回答) I do not think (that) it is good / a good idea / important / better for A to ～ .

› Do you think A should ～ ?

Aは～するべきだと思いますか？

(YES回答) I think (that) A should ～ .
(NO回答) I do not think (that) A should ～ .

› Do you think there should be A?

Aがあるべきだと思いますか？

(YES回答) I think (that) there should be A.
(NO回答) I do not think (that) there should be A.

Which ～? パターン

› Which do you think is better, A or B?

AとBどちらがより良いと思いますか？

(回答)
I think (that) A / B is better.

What ～? パターン

› What is the best A to ～ ?

～するのに一番良いAは何だと思いますか？

(回答)
I think (that) ____ is the best (A to ～).

LESSON 7 困ったときの対処法

語数が足らないとき

Introduction（序論）の主張と理由1つ目の間に1文追加する

下記のようなつなぎの1文をどれか主張の後に追加しましょう。

主張：I think that ～ . I have two reasons.「理由が2つあります。」/ I have two reasons for my opinion.「私の考えには理由が2つあります。」/ I have two reasons to support my opinion.「私の考えを裏づける理由が2つあります。」
理由1つ目：First, ～

自分の考えに対して「例えば?」「それで?」と問い続ける

＋テレビゲームの良いところ→（例えば？）→楽しい・ワクワクする→（それで？）
→ストレス解消になる→（それで？）→健康に良い

－テレビゲームの悪いところ→（例えば？）→勉強の時間が減る→（例えば？）
→本を読んだり、宿題をしたりする時間が減る→（それで？）
→学校のテストや受験で良い結果が残せない

アイディアが思い浮かばないとき

自分の意見ではなく「英語で書きやすい」意見で書く

英検のライティングで求められているのは、**1つの主張を順序立てて論理的に説明することができるか、主張と主張をサポートする理由の整合性が取れているか**、といったポイントです。「個人的には NO だと思うけど、YES の理由の方が英文が書きやすそう」という場合は、迷わず YES を選ぶことをおすすめします。

立場を変えて考え直してみる

「どうしても適切な理由が見つからない」「英語で書けそうにない」という場合は、思い切って1文目から主張を変えましょう。気持ちの切り替えも大切です。

共通の観点からヒントを得る

プラス（＋），マイナス（－）の理由をそれぞれ共通の観点で考えると効率的です。

観点	＋	－
時間 が	**かからない** It does not take time to ~ . / ~ing does not take time. ~するのに時間がかかりません。	**かかる** It takes time to ~ . / ~ing takes time. ~するのに時間がかかります。
お金 が	**かからない** It does not cost money to ~ . / ~ing does not cost money. ~するのにお金がかかりません。	**かかる** It costs money to ~ . / ~ing costs money. ~するのにお金がかかります。
健康 に	**良い** A is [are] good for one's health. A は健康に良いです。	**良くない（悪い）** A is [are] not good (A is [are] bad) for one's health. A は健康に良くない（悪い）です。
環境 に	**良い** A is [are] good for the environment. A は環境に良いです。	**良くない（悪い）** A is [are] not good (A is [are] bad) for the environment. A は環境に良くない（悪い）です。
安全	**である** It is safe to ~ . / ~ing is safe. ~することは安全です。	**ではない（危険である）** It is not safe (It is dangerous) to ~ . / ~ing is not safe (~ing is dangerous). ~することは安全ではありません（危険です）。
簡単	**である** It is easy for A to ~ . / ~ing is easy for A. ~することは A にとって簡単です。	**ではない（難しい）** It is not easy (It is difficult) for A to ~ . / ~ing is not easy (~ing is difficult) for A. ~することは A にとって簡単ではありません（難しいです）。

例 テレビゲームは健康に…
良い →（なぜ？）楽しいからストレス解消になる　悪い →（なぜ？）やめられないから寝不足になる

ライティングおためし模試①

解答はP.25

ライティングの4つの手順に沿って、以下のQUESTIONについて考えていきましょう。

- あなたは、外国人の知り合いから以下の QUESTION をされました。
- QUESTION について、あなたの意見とその理由を 2 つ英文で書きなさい。
- 語数の目安は 50 語～ 60 語です。
- 解答が QUESTION に対応していないと判断された場合は、0 点と採点されることがあります。QUESTION をよく読んでから答えてください。

QUESTION

Do you think people should stop driving?

1

QUESTIONを理解する

QUESTION で何を聞かれているのか、理解できましたか?
どういう主張なら YES、NO なのか頭の中で明確にしましょう。

2 約7分

メモを取る

1 YES と NO それぞれの理由・具体例を書き出しましょう。より書きやすそうな立場を選びます。(下のメモ欄に理由例を記載しています。)

2 書き出した日本語を英文に直してみましょう。

メモ欄

運転をやめるべき?

YES	NO
危険になり得る L交通事故が多い	便利である L重い荷物を運んだり、遠いところに行ったりしやすい
お金がかかる L税金やガソリン代が高い	趣味になる L週末にドライブに行くことを楽しめる

3 約10分 書く

順番に沿って、1 文ずつ書いてみましょう。

［書き出し例］

1 文目（主張）：I think (that) ～ / I do not think (that) ～

2 文目（理由①）：First, / Firstly, / To begin with, / The first reason is (that) ～

3 文目・5 文目（①と②の具体例）：For example, / For instance, / if ～ / when ～

4 文目（理由②）：Second, / Secondly, / Also, / The second reason is (that) ～

6 文目（再主張）：For these reasons, / That is why ～ / Therefore,

解答欄

1文目 主張

2文目 理由①

3文目 理由①の具体例

4文目 理由②

5文目 理由②の具体例

6文目 再主張

4 約 3 分 見直しをする

主に下記のポイントを見直し、間違いを見つけたら修正しましょう。

内容：主張と理由の整合性は取れているか

構成：序論→本論→結論の順でわかりやすい構成で書けているか

語彙：スペルミス、使い方のミスはないか

文法：単数形・複数形の表記ミスはないか、文として成立しているか　など

※ P.14～「ミスしやすいポイント」参照

解答・解説

Exercise P.15

1 (is) → 正：**are**
many buildings「たくさんのビル」があるので、There の後の be 動詞は単数形の is ではなく複数形の are が正しいです。

2 (reasons) → 正：**reason**
1つ目の理由は1つ＝単数形なので reasons の s は不要です。

3 (take) → 正：**takes**
主語 It の後に来る動詞の現在形には三単現の s がつきます。

4 (are) → 正：×
「使う」の動詞としては use が正しく、use の前の are は不要です。（be 動詞と一般動詞の原形を並べて使うことはできません。）

5 (is) → 正：×
「興味を持たせる」の動詞としては interest(s) が正しく、is は不要です。（be 動詞と一般動詞の原形を並べて使うことはできません。）

Exercise P.17

1 (it) → 正：**It**
冒頭の it の i は大文字にする必要があります。

2 For instance, ( ) eat → 正：**they**
For instance の後が不完全な文になっています。eat の前に主語 they が必要です。

3 For example, ( ) many kinds
→ 正：**students enjoy**
主語と動詞がない不完全な文になっています。many kinds の前に主語 students と動詞 enjoy が必要です。

4 (a) → 正：×
food は基本的に不可算名詞として使われることが多いです。ここでの food も不可算名詞なので、単数形の a は不要です。

5 (informations) → 正：**information**
information は不可算名詞なので、複数形の s は不要です。

Exercise P.19

1 (smart phones) → 正：**smartphones**
smart と phones の間にスペースは不要です。

2 (any thing) → 正：**anything**
any と thing の間にスペースは不要です。

3 (Fisrt) → 正：**First**
First のスペルミスです。

4 (foriegn) → 正：**foreign**
foreign のスペルミスです。

5 (dictioneries) → 正：**dictionaries**
dictionaries のスペルミスです。

ライティングおためし模試①

P.22

Do you think people should stop driving?
人々は運転をやめるべきだと思いますか？

メモ例

YES	運転をやめるべき？	NO
危険になり得る └交通事故が多い お金がかかる └税金やガソリン代が高い		便利である └重い荷物を運んだり、遠いところに行ったりしやすい 趣味になる └週末にドライブに行くことを楽しめる

【YES 解答例】（合計 51 語）

1文目 **I think people should stop driving.**
人々は運転をやめるべきだと思います。

2文目 **First, driving can be dangerous.**
1つ目に、運転することは危険な場合があります。

3文目 **These days, a lot of car accidents happen every day.**
最近では、毎日たくさんの車の事故が起こります。

4文目 **Second, it costs money to have a car.**
2つ目は、車を持つにはお金がかかります。

5文目 **Taxes and gasoline prices are very high.**
税金やガソリン代はとても高いです。

6文目 **For these reasons, I think it is a good idea for people to stop driving.**
このような理由から、人々が運転をやめるのは良い考えだと思います。

【NO 解答例】（合計 60 語）

1文目 **I do not think people should stop driving.**
人々は運転をやめるべきだとは思いません。

2文目 **First, it is convenient to drive.**
1つ目に、運転することは便利です。

3文目 **People can carry heavy items and travel long distances by driving.**
運転することで、重い荷物を運んだり遠いところに行ったりすることができます。

4文目 **Second, driving is a hobby for some people.**
2つ目は、運転が趣味の人もいます。

5文目 **For example, they enjoy going for a drive on weekends.**
例えば、週末にドライブに行くことを楽しみます。

6文目 **For these reasons, I do not think it is a good idea for people to stop driving.**
このような理由から、人々が運転をやめるのが良い考えだとは思いません。

DAY 2

LESSON 1

鉄板ボキャブラリー 基本動詞①

01

001

look 見る ▶ **look for A** Aを探す

They need to **look for** coins in their wallets.
彼らは財布の小銭を探す必要があります。

セットで覚えたい表現 look at A「(注目して) A を見る」

002

look 見る ▶ **look up A** Aを調べる

It is a good idea to **look up** new words in the dictionary.
辞書で新しい単語を調べるのは良い考えです。

便利な表現 It is a good idea to ~(動詞の原形).「~するのは良い考えです。」

003

learn 学ぶ ▶ **learn about A** Aについて学ぶ

It is important to **learn about** different cultures.
異文化について学ぶことは大切です。

便利な表現 It is important to ~(動詞の原形).「~することは大切です。」

004

learn 学ぶ ▶ **learn to ~** ~できるようになる

Every student **learns to** cook at school.
学校ではどの学生も料理ができるようになります。

Exercise

解答はP.40

音読でアウトプット!

左ページの例文の音声を聞いて、3回ずつ声に出して読もう。

02

英訳でアウトプット!

和文を英訳しよう。点線は字数と語数を表します。

1

1 本を探す _ _ _ _　_ _ _　_ _ _ _ _

2 私は * 本屋で本を探します。 *the bookstore

____

2

1 情報を調べる

_ _ _ _　_ _　_ _ _ _ _ _ _ _ _ _ _

2 多くの人が * インターネットで情報を調べます。 *on the Internet

____

3

1 ゲームについて学ぶ

_ _ _ _ _　_ _ _ _ _　_ _ _ _ _

2 人々は * テレビゲームについて学ぶことができます。 *video games

____

4

1 英語を話せるようになる

_ _ _ _ _　_ _　_ _ _ _ _　_ _ _ _ _ _ _

2 * より多くの日本人が英語を話せるようになるでしょう。 *more

____

DAY 2

LESSON 2

鉄板ボキャブラリー 基本動詞②

03

005

take
取る

▶ **take A to B**
AをBに連れて行く

More parents should **take** their children **to** libraries.
より多くの親が子どもを図書館に連れて行くべきです。

006

take
取る

▶ **take care of A**
Aの世話をする

Farmers need to **take care of** vegetables.
農家の人は野菜の世話をする必要があります。

007

take
取る

▶ **take part in A**
Aに参加する

It can be a good experience to **take part in** international events.
国際的なイベントに参加するのは良い経験になります。

便利な表現 It can be a good experience to ～(動詞の原形).「～するのは良い経験になります。」

008

work
働く

▶ **work on A**
Aに取り組む

Teachers will **work on** the problem.
先生はその問題に取り組むつもりです。

Exercise

解答はP.40

音読でアウトプット!

左ページの例文の音声を聞いて、3回ずつ声に出して読もう。

04

英訳でアウトプット!

和文を英訳しよう。点線は字数と語数を表します。

1

1 子どもを学校に連れて行く

2 親が子どもを学校に連れて行きます。

2

1 動物の世話をする

2 子どもは学校で動物の世話をします。

3

1 * 料理教室に参加する　*cooking classes

2 より多くの人が料理教室に参加するべきです。

4

1 プロジェクトに取り組む

2 * そのチームは大きなプロジェクトに取り組むつもりです。*the team

LESSON 3 鉄板ボキャブラリー 基本動詞③

05

009

try ▶ **try to ~**

試す　～しようとする

High school students should **try to** pass the Eiken.

高校生は英検に合格しようとするべきです。

010

know ▶ **know how to ~**

知っている　～する方法をわかっている

Many children **know how to** use smartphones.

多くの子どもがスマートフォンを使う方法をわかっています。

011

worry ▶ **worry about A**

心配する　Aについて心配する

People who work from home do not have to **worry about** what to wear.

在宅勤務する人々は、着るものについて心配する必要がありません。

解説 A who ～は「～するA」の意味です。例文では、主語としての働きをしています。

例 children who play video games「テレビゲームをする子ども」/ students who are interested in reading「読むことに興味がある学生」

012

let ▶ **let A ~**

～させる　Aに～させる

Most restaurants **let** customers stay as long as they want.

ほとんどのレストランでは、顧客に好きなだけ滞在させてくれます。

Exercise

解答はP.40

音読でアウトプット!

左ページの例文の音声を聞いて、3回ずつ声に出して読もう。

06

英訳でアウトプット!

和文を英訳しよう。点線は字数と語数を表します。

1

1 *問題を*解決しようとする　*the problem　*solve

___ __ ______ ___ _________

2 私たちは問題を解決しようとするべきです。

____

2

1 調理する方法をわかっている

____ ____ __ _____

2 私は*食事を調理する方法をわかっています。*meals

____

3

1 *将来について心配する　*the future

______ ______ ___ _______

2 多くの日本人は将来について心配します。

____

4

1 子どもにゲームをさせる

___ __________ _____ ______

2 親は子どもにゲームをさせるべきです。

____

DAY 2

DAY 2

LESSON 4

鉄板ボキャブラリー 基本動詞④

07

013

send 送る ▶ **send A to B** AをBに送る

It is easy to **send** online messages **to** friends.
オンラインメッセージを友達に送るのは簡単です。

便利な表現 It is easy to ~ .「~するのは簡単です。」

014

help 助ける ▶ **help A ~** Aが~するのに役立つ

Computers **help** college students write reports.
パソコンは大学生がレポートを書くのに役立ちます。

015

make 作る ▶ **make A ~** Aに~させる

Most schools **make** students wear uniforms.
ほとんどの学校は学生に制服を着させます。

解説 make A ~は「A に~させる」という強制のニュアンス、let A ~は「A に~させてあげる」という許可のニュアンスを含みます。

016

share 分ける ▶ **share A with B** AをBと共有する

We can easily **share** pictures **with** friends.
私たちは簡単に写真を友達と共有することができます。

Exercise

解答はP.41

音読でアウトプット!

左ページの例文の音声を聞いて、3回ずつ声に出して読もう。

08

英訳でアウトプット!

和文を英訳しよう。点線は字数と語数を表します。

1

1 ＊メールを＊会社に送る　*e-mail　*the company

＿＿＿＿ ＿＿ ＿＿＿＿＿＿ ＿＿ ＿＿＿ ＿＿＿＿＿＿＿

2 メールを会社に送る必要があります。

＿＿＿＿＿＿＿＿＿＿＿＿＿＿＿＿＿＿＿＿＿＿＿＿＿＿＿＿＿＿

2

1 学生が勉強するのに役立つ

＿＿＿＿ ＿＿＿＿＿＿＿＿ ＿＿＿＿＿

2 ＊スマートフォンは学生が勉強するのに役立っています。*smartphones

＿＿＿＿＿＿＿＿＿＿＿＿＿＿＿＿＿＿＿＿＿＿＿＿＿＿＿＿＿＿

3

1 彼らに掃除をさせる

＿＿＿＿ ＿＿＿＿ ＿＿＿＿＿

2 彼らに自分の部屋を掃除させることが大切です。

＿＿＿＿＿＿＿＿＿＿＿＿＿＿＿＿＿＿＿＿＿＿＿＿＿＿＿＿＿＿

4

1 食事を＊家族と共有する　*family members

＿＿＿＿＿ ＿＿＿＿＿ ＿＿＿＿ ＿＿＿＿＿＿ ＿＿＿＿＿＿＿

2 食事を家族と共有するのは良い考えです。

＿＿＿＿＿＿＿＿＿＿＿＿＿＿＿＿＿＿＿＿＿＿＿＿＿＿＿＿＿＿

LESSON 5

鉄板ボキャブラリー 基本動詞⑤

09

017

give 与える ▶ **give A B** AにBを与える

English **gives** us a chance to make foreign friends.
英語は私たちに外国人の友達を作る機会を与えてくれます。

便利な表現 A give (s) B a chance to ~ (動詞の原形).「A は B に~する機会を与えてくれます。」

018

enjoy 楽しむ ▶ **enjoy ~ing** ~することを楽しむ

Young people **enjoy** watch**ing** YouTube in their free time.
若者は空いている時間にユーチューブを見ることを楽しみます。

019

throw 投げる ▶ **throw away A** Aを捨てる

It is not good for people to **throw away** trash on streets.
人々が道にゴミを捨てるのは良くないことです。

便利な表現 It is not good for people to ~ (動詞の原形).「人々が~するのは良くないことです。」

020

get 得る ▶ **get over A** Aを乗り越える

Eating healthy food is necessary to **get over** a cold.
風邪を治すには健康的な食事をとることが必要です。

便利な表現 ~ing is necessary to ... (動詞の原形).「…するには~することが必要です。」

Exercise

解答はP.41

音読でアウトプット!

左ページの例文の音声を聞いて、3回ずつ声に出して読もう。

10

英訳でアウトプット!

和文を英訳しよう。点線は字数と語数を表します。

1

1 子どもに学ぶ機会を与える

2 旅行は子どもにたくさんのことを学ぶ機会を与えてくれます。

2

1 *ボランティアをすることを楽しむ　*do volunteer work

2 *高齢者はボランティアをすることを楽しみます。*elderly people / seniors

3

1 本を捨てる

2 私たちは*週に1回本を捨てることができます。*once a week

4

1 この問題を乗り越える

2 そのチームはこの問題を乗り越えるだろう。

DAY 2

LESSON 6

鉄板ボキャブラリー 基本動詞⑥

11

021

concentrate 集中する ▶ **concentrate on A / ~ing** A / ～することに集中する

Students need air conditioning to **concentrate on** studying.
学生が勉強することに集中するためには、エアコンが必要です。

022

communicate 伝える ▶ **communicate with A** Aとやりとりする

We can **communicate with** people from all over the world.
私たちは世界中の人とやりとりすることができます。

023

become なる ▶ **become familiar with A** Aに慣れる

More elderly people will **become familiar with** computers.
より多くの高齢者がパソコンに慣れるでしょう。

便利な表現 More people will ～ (動詞の原形).「より多くの人が～するでしょう。」

024

become なる ▶ **become interested in A** Aに興味を持つ

A lot of people will **become interested in** space travel.
多くの人が宇宙旅行に興味を持つでしょう。

Exercise

解答はP.42

音読でアウトプット!

左ページの例文の音声を聞いて、3回ずつ声に出して読もう。

12

英訳でアウトプット!

和文を英訳しよう。点線は字数と語数を表します。

1

1 仕事に集中する

\- - - - - - - - - - -　- -　- - - -

2 家では仕事に集中するのが難しいです。

____

2

1 ＊チームメイトとやりとりする　*teammates

\- - - - - - - - - - -　- - - -　- - - - - - - - -

2 チームメイトとやりとりすることは必要です。

____

3

1 ルールに慣れる

\- - - - - -　- - - - - - - -　- - - -　- - - - -

2 私たちは新しいルールに慣れるべきです。

____

4

1 読むことに興味を持つ

\- - - - - -　- - - - - - - - - -　- -　- - - - - - -

2 将来、若者は読むことに興味を持つでしょう。

____

DAY 2

まとめ復習

解答はP.42

以下の空欄に適切な単語を入れよう。

1 親は子どもに YouTube を長い時間見せるべきではありません。

Parents should not (　　　　　) their children (　　　　　) YouTube for long periods of time.

2 留学は学生にたくさん経験をする機会を与えてくれます。

Studying abroad (　　　　　)(　　　　　) a chance to experience many things.

3 多くの学生が家では勉強に集中できません。

Many students cannot (　　　　　)(　　　　　)(　　　　　) at home.

4 缶を公園に捨てるのは良くないです。

It is not good to (　　　　　)(　　　　　) cans in the park.

5 学生はグループでそのプロジェクトに取り組むでしょう。

Students will (　　　　　)(　　　　　) the project in groups.

6 学校の行事に参加することは親にとって必要なことです。

It is necessary for parents to (　　　　　)(　　　　　)(　　　　　) school events.

ライティングおためし模試②

解答はP.43

順番に沿って、1文ずつ書いてみましょう。

Do you think it is good for children to have their own smartphones?

メモ欄

YES	NO

解答欄

1文目 主張 書き出し例：I think (that) ~ / I do not think (that) ~

2文目 理由① First, / Firstly, / To begin with, / The first reason is (that) ~

3文目 理由①の具体例 For example, / For instance, / if ~ / when ~

4文目 理由② Second, / Secondly, / Also, / The second reason is (that) ~

5文目 理由②の具体例 For example, / For instance, / if ~ / when ~

6文目 再主張 For these reasons, / That is why ~ / Therefore,

解答・解説

Exercise P.27

1-1 look for books
1-2 I look for books at the bookstore.
2-1 look up information
2-2 Many [A lot of] people look up information on the Internet.

many と a lot of は「多くの」の意味です。many は可算名詞にしか使えませんが、a lot of は可算名詞・不可算名詞のどちらにも使えます。information は不可算名詞なので、単数を表す a や複数を表す s はつきません。

3-1 learn about games
3-2 People can learn about video games.
4-1 learn to speak English
4-2 More Japanese [Japanese people] will learn to speak English.

Japanese と Japanese people はどちらも「日本人」の意味です。

Exercise P.29

1-1 take children to school
1-2 Parents take their children to school.

「学校に授業を受けに・学ぶために行く」というときは、「学校」はその機能を表すので、to school「学校に」のように単数を表す a・複数を表す s・冠詞の the はつきません。建物としての school「学校」の場合は可算名詞として扱われます。

2-1 take care of animals
2-2 Children take care of animals at school.
3-1 take part in cooking classes
3-2 More people should take part in [join] cooking classes.

take part in A と join A はどちらも「A に参加する」の意味です。

4-1 work on a project
4-2 The team will work on a big project. / The team is going to work on a big project.

will ～と is going to ～はどちらも「～するつもりだ」の意味として使えます。will は一般的な未来の出来事、be going to は近い将来の予定を表現する場合が多いです。

Exercise P.31

1-1 try to solve the problem
1-2 We should try to solve the problem.
2-1 know how to cook
2-2 I know how to cook [make] meals.

cook meals と make meals はどちらも「食事を作る」の意味です。

3-1 worry about the future
3-2 Many [A lot of] Japanese [Japanese people] worry about the future.

worry about A は「A について心配する」の意味です。

4-1 let children play games
4-2 Parents should let their children play games.

Exercise　P.33

1-1 send an e-mail to the company

1-2 It is necessary to send an e-mail to the company. / I need to send an e-mail to the company. / Sending an e-mail to the company is necessary.

It is necessary to ~. と need to ~と~ing is necessary. はどれも「~する必要があります。」の意味です。

2-1 help students study

2-2 Smartphones help students study.

3-1 make them clean

3-2 It is important to make them clean their rooms. / Making them clean their rooms is important.

It is important to ~. と~ing is important. はどちらも「~することが大切です。」の意味です。

4-1 share meals with family members

4-2 It is a good idea to share meals with family members. / Sharing meals with family members is a good idea.

It is a good idea to ~. と~ing is a good idea. はどちらも「~するのは良い考えです。」の意味です。

Exercise　P.35

1-1 give children a chance to learn

1-2 Travel [Traveling] gives children a chance to learn many [a lot of / various] things.

travel と traveling はどちらも「旅行」の意味です。

many と a lot of はどちらも「たくさんの」の意味です。various は「さまざまな」の意味として、似た場面で使うことができます。

2-1 enjoy doing volunteer work

2-2 Elderly people [Seniors] enjoy doing volunteer work. / Elderly people [Seniors] enjoy volunteering.

elderly people と seniors はどちらも「高齢者・お年寄り」の意味です。

do volunteer work と volunteer はどちらも「ボランティアをする」の意味です。

3-1 throw away books

3-2 We can throw away books once a week. / Once a week, we can throw away books.

once a week が文末に来る場合は不要ですが、文頭に来る場合はカンマ（,）を使います。

4-1 get over this problem

4-2 The team will get over this problem.

解答・解説

Exercise P.37

1-1 concentrate on work

1-2 It is difficult[hard] to concentrate on work at home. / Concentrating on work at home is difficult[hard].

It is difficult to ～. と～ing is difficult. と It is hard to ～. と～ing is hard. はどれも「～するのが難しいです。」の意味です。

2-1 communicate with teammates

2-2 It is necessary to communicate with teammates. / Communicating with teammates is necessary.

3-1 become familiar with rules

3-2 We should become familiar with the new rules.

「新しい」という特定要素が加わるので、the をつけるのが自然です。

4-1 become interested in reading

4-2 Young people will become[be] interested in reading in the future.

become interested in A と同じく、be interested in A は「A に興味を持つ」の意味として使えます。

まとめ復習 P.38

1 Parents should not (**let**) their children (**watch**) YouTube for long periods of time.

「A に～させる」には make A ～という表現もありますが、強制のニュアンスがあります。この英文は許可のニュアンスを含むので、let A ～が適切です。

2 Studying abroad (**gives**) (**students**) a chance to experience many things.

give A B は「A に B を与える」の意味です。
～ing「～すること」の動名詞が主語に来る場合、動詞の give に三単現の s がつきます。

3 Many students cannot (**concentrate**) (**on**) (**studying**) at home.

concentrate on ～ing は「～することに集中する」の意味です。
concentrate on の後には動名詞または名詞を持ってくることができます。

例 ○ concentrate on studying（動名詞）「勉強することに集中する」/ ○ concentrate on classes（名詞）「授業に集中する」

4 It is not good to (**throw**) (**away**) cans in the park.

throw away A は「A を捨てる」の意味です。
to 不定詞なので、to の後は動詞の原形です。

5 Students will (**work**) (**on**) the project in groups.

work on A は「A に取り組む」の意味です。

6 It is necessary for parents to (**take**) (**part**) (**in**) school events.

take part in A は「A に参加する」の意味です。

ライティングおためし模試②

P.39

Do you think it is good for children to have their own smartphones?
子どもが自分のスマートフォンを持つのは良いことだと思いますか？

メモ例

子どもがスマホを持つのは良いこと？

YES	NO
親に連絡できる └放課後友達の家を訪れるとき	勉強に集中できない └スマホゲームをやめられない
スマホは勉強するのに役立つ └教育系アプリで科目について学べる	直接やりとりをするべき └気持ちを伝えるために対面コミュニケーションが必要

【YES 解答例】（合計 60 語）

1文目 **I think it is good for children to have their own smartphones.**
子どもが自分のスマートフォンを持つのは良いことだと思います。

2文目 **First, it is easy for them to contact their parents.**
1つ目に、親に連絡しやすいということです。

3文目 **They can send online messages to their parents when they visit their friend's house.**
友達の家を訪れるときにオンラインメッセージを親に送ることができます。

4文目 **Second, smartphones help them study.**
2つ目は、スマートフォンは彼らが勉強するのに役立ちます。

5文目 **They can learn about subjects on educational apps.**
彼らは教育系アプリで科目について学ぶことができます。

6文目 **For these reasons, I think children should have their own smartphones.**
このような理由から、子どもは自分のスマートフォンを持つべきだと思います。

【NO 解答例】（合計 60 語）

1文目 **I do not think it is good for children to have their own smartphones.**
子どもが自分のスマートフォンを持つのは良いことだとは思いません。

2文目 **First, they cannot concentrate on studying.**
1つ目に、勉強に集中できません。

3文目 **For instance, it is difficult for them to stop playing smartphone games.**
例えば、スマートフォンのゲームをやめるのは難しいです。

4文目 **Second, they should communicate with people directly.**
2つ目は、彼らは人々と直接やりとりするべきです。

5文目 **Having face-to-face communication is necessary to show feelings.**
気持ちを伝えるためには、対面のコミュニケーションを持つことが必要です。

6文目 **For these reasons, I do not think children should have their own smartphones.**
このような理由から、子どもが自分のスマートフォンを持つべきだとは思いません。

DAY 3

LESSON 1

鉄板ボキャブラリー 動詞コロケーション①

13

025

work ▶ work part-time

働く　アルバイトで働く

If university students **work part-time**, they can learn many things.

大学生がアルバイトで働くと、 たくさんのことが学べます。

便利な表現　If A ~(動詞 1), A can ...(動詞 2).「もし A が~すれば、 …できます。」

026

shop ▶ shop online

買い物をする　ネットで買い物をする

It is very convenient for people to **shop online**.

ネットで買い物をするのは人々にとってとても便利です。

便利な表現　It is convenient for people to ~(動詞の原形).「~するのは人々にとって便利です。」

027

grow ▶ grow vegetables

育てる　野菜を育てる

We cannot **grow vegetables** without using soil.

土を使わずに、 私たちは野菜を育てることができません。

便利な表現　A cannot ...(動詞の原形) without ~ing.「~せずに、 A は…できません。」

028

cost ▶ cost money

かかる　お金がかかる

It **costs money** to live in a big city.

大都市に住むにはお金がかかります。

便利な表現　It costs money to ~(動詞の原形).「~するにはお金がかかります。」

Exercise

解答はP.58

音読でアウトプット!

左ページの例文の音声を聞いて、3回ずつ声に出して読もう。

14

英訳でアウトプット!

和文を英訳しよう。点線は字数と語数を表します。

1

1 人々はアルバイトをします。

______ ____ _________.

2 人々にとってアルバイトをすることは大切です。

____

2

1 私たちはネットで買い物をします。

__ ____ ______.

2 ネットで買い物をすることは私たちの生活を便利にしてくれます。

____

3

1 * 農家の人は野菜を育てます。*farmers

_______ ____ __________.

2 農家の人は野菜を育てるために早起きします。

____

4

1 お金がかかります。

__ _____ _____.

2 野菜を買うにはお金がかかります。

____

DAY 3

DAY 1–3

LESSON 2

鉄板ボキャブラリー
動詞コロケーション②

15

029

stay 滞在する ▶ **stay healthy** 健康でいる

Having three meals a day is important to **stay healthy**.
健康でいるためには１日３食とることが大切です。

030

solve 解決する ▶ **solve problems** 問題を解決する

Communication helps us **solve problems**.
コミュニケーションは私たちが問題を解決するのに役立ちます。

031

make 作る ▶ **make an effort** 努力する

Students should **make an effort** to pass the exam.
学生は試験に合格するために努力するべきです。

032

take 取る ▶ **take time** 時間がかかる

It **takes time** for many children to finish their homework.
多くの子どもが宿題を終わらせるのに時間がかかります。

Exercise

解答はP.58

音読でアウトプット!

左ページの例文の音声を聞いて、3回ずつ声に出して読もう。

16

英訳でアウトプット!

和文を英訳しよう。点線は字数と語数を表します。

1

1 彼らは健康でいます。

_ _ _ _   _ _ _ _   _ _ _ _ _ _ _.

2 * 誰しも健康でいたいです。*everyone

____

2

1 人々は問題を解決します。

_ _ _ _ _ _   _ _ _ _ _   _ _ _ _ _ _ _ _.

2 * 会議は人々が問題を解決するために必要です。*meetings

____

3

1 先生は努力します。

_ _ _ _ _ _ _ _   _ _ _ _   _ _   _ _ _ _ _ _.

2 先生は良い授業を * 提供するために努力します。*provide

____

4

1 時間がかかります。

_ _   _ _ _ _ _   _ _ _ _.

2 * 言語を学ぶには時間がかかります。*a language

____

DAY 3

LESSON 3

鉄板ボキャブラリー

動詞コロケーション③

17

033

get 得る ▶ **get better** 良くなる

We will **get better** at English if we practice every day.
毎日練習をすれば英語は上達するでしょう。

034

get 得る ▶ **get worse** 悪くなる

Children's reading skills will **get worse** if they do not read books.
子どもは本を読まないと読解力が低下します。

035

save 救う ▶ **save money** お金を貯める

Not so many people know how to **save money.**
お金を貯める方法を知っている人は多くはないです。

036

save 救う ▶ **save time** 時間を節約する

Using a smartphone helps people **save time** getting information.
スマートフォンを使うことで人々が情報を得るための時間を節約することができます。

便利な表現 save time ~ing「~するための時間を節約する」

Exercise

解答はP.58

音読でアウトプット!

左ページの例文の音声を聞いて、3回ずつ声に出して読もう。

18

英訳でアウトプット!

和文を英訳しよう。点線は字数と語数を表します。

1

1 * 物事は良くなるでしょう。*things

______ ____ ___ ______.

2 私たちがその問題に取り組めば、物事は良くなるでしょう。

____

2

1 私たちの * 健康は悪化するでしょう。*health

___ ______ ____ ___ _____.

2 * サプリをとらないと、私たちの健康は悪化するでしょう。 *take supplements

____

3

1 人々はお金を貯めます。

______ ____ _____.

2 人々は * 将来のためにお金を貯めるべきです。*the future

____

4

1 * インターネットは時間を節約できます。*the Internet

___ ________ ___ ____ ____.

2 インターネットは単語を調べる時間を節約できます。

____

LESSON 4

鉄板ボキャブラリー 動詞コロケーション④

19

037

go 行く ▶ **go abroad** 海外に行く

Going abroad is a good way to learn about different cultures.
海外に行くことは異文化について学ぶのに良い方法です。

便利な表現 ~ing is a good way to ... .「~することは…するのに良い方法です。」

038

go 行く ▶ **go on trips** 旅行に行く

I think more people should **go on trips**.
より多くの人が旅行に行くべきだと思います。

039

pay 支払う ▶ **pay attention (to A)** (Aに)気を配る

Young people should **pay attention** to the news every day.
若者は毎日ニュースに気を配るべきです。

040

pay 支払う ▶ **pay in cash** 現金で支払う

In the future, fewer people will **pay in cash** when they go shopping.
将来、買い物に行くときに現金で支払う人は少なくなるでしょう。

便利な表現 Fewer people will ~(動詞の原形).「~する人は少なくなるでしょう。」

Exercise

解答はP.59

音読でアウトプット!

左ページの例文の音声を聞いて、3回ずつ声に出して読もう。

20

英訳でアウトプット!

和文を英訳しよう。点線は字数と語数を表します。

1

1 若者は海外に行きます。

_____ ______ __ ______.

2 より多くの若者が海外に行くでしょう。

____

2

1 多くの家族は旅行に行きます。

____ ________ __ __ _____.

2 家族が旅行に行くのは良いことです。

____

3

1 彼らは気を配ります。

____ ___ _________.

2 彼らは他人に気を配るべきです。

____

4

1 私たちは現金で支払います。

__ ____ ___ ____.

2 将来、私たちは現金で支払わなくなるでしょう。

____

DAY 3

DAY 3

LESSON 5

鉄板ボキャブラリー 動詞コロケーション⑤

21

041

do する ▶ **do homework** 宿題をする

It will be fun when we do **homework** with friends.
友達と一緒に宿題をすると楽しくなるでしょう。

便利な表現 It will be 〈形容詞〉 when A ~(動詞).「A が~すると〈形容詞〉になります。」

042

do する ▶ **do housework** 家事をする

Robots will make it easier to do **housework**.
ロボットは家事をすることをより簡単にしてくれるでしょう。

便利な表現 A will make it 〈比較級〉 to ~(動詞の原形).「A は~することをより〈比較級〉にしてくれるでしょう。」

043

cut 切る ▶ **cut costs** 費用を削る

Many companies are looking for ways to cut **costs**.
多くの企業が費用を削るための方法を探しています。

便利な表現 A is [are] looking for ways to ~(動詞の原形).「A は~するための方法を探しています。」
※ A is [are] の部分を I am に置き換えることもできますが、一般論を述べることが多いライティングでは、I am から始まる文は好まれません。

044

follow 追う ▶ **follow the rules** ルールに従う

Students must follow **the rules** for wearing uniforms.
学生は制服を着るルールに従わなければいけません。

Exercise

解答はP.59

音読でアウトプット!

左ページの例文の音声を聞いて、3回ずつ声に出して読もう。

22

英訳でアウトプット!

和文を英訳しよう。点線は字数と語数を表します。

1

1 学生は宿題をします。

_ _ _ _ _ _ _ _　_ _　_ _ _ _ _ _ _ _.

2 多くの学校は学生に毎日宿題をさせます。

____

2

1 * 大人は家事をします。*adults

_ _ _ _ _ _　_ _　_ _ _ _ _ _ _ _ _.

2 大人は家事をする必要がなくなるでしょう。

____

3

1 彼らは費用を削ります。

_ _ _ _　_ _ _　_ _ _ _ _.

2 彼らにとって費用を削ることは大切です。

____

4

1 人々はルールに従います。

_ _ _ _ _ _　_ _ _ _ _ _　_ _ _　_ _ _ _ _.

2 もし人々がルールに従わなければ * 状況は悪化するでしょう。

*the situation

____

LESSON 6 鉄板ボキャブラリー 動詞コロケーション⑥

23

045

share 分ける ▶ **share information** 情報を共有する

People find it easy to **share information** on the Internet.
人々は、インターネットで情報を共有することを簡単だと感じます。

便利な表現 A find(s) it 〈形容詞〉 to ~(動詞の原形).「A は~することを〈形容詞〉だと感じます。」

046

become なる ▶ **become ill** 病気になる

People will **become ill** if they keep eating unhealthy meals.
健康に良くない食事を続ければ、人々は病気になります。

047

study 勉強する ▶ **study hard** 一生懸命勉強する

It is important for students to **study hard** before exams.
学生はテスト前に一生懸命勉強することが大切です。

048

study 勉強する ▶ **study abroad** 留学する

It will be a good experience if we **study abroad**.
私たちが留学すれば良い経験になります。

便利な表現 It will be a good experience if A ~.「A が~すれば良い経験になります。」

Exercise

解答はP.60

音読でアウトプット!

左ページの例文の音声を聞いて、3回ずつ声に出して読もう。

24

英訳でアウトプット!

和文を英訳しよう。点線は字数と語数を表します。

1

1 人々は情報を共有します。

_ _ _ _ _ _ _ _   _ _ _ _ _ _   _ _ _ _ _ _ _ _ _ _ _ _ _ _ _.

2 多くの人が * SNS で情報を共有します。*on social media

____

2

1 高齢者は病気になります。

_ _ _ _ _ _ _ _ _   _ _ _ _ _ _ _ _   _ _ _ _ _ _ _ _   _ _ _ _.

2 高齢者は健康的な食事をとらないと病気になるでしょう。

____

3

1 * 小学生は一生懸命勉強します。*elementary school students

_ _ _ _ _ _ _ _ _ _ _   _ _ _ _ _ _ _

_ _ _ _ _ _ _ _ _   _ _ _ _ _ _   _ _ _ _ _.

2 小学生はテストに合格するために一生懸命勉強します。

____

4

1 学生は留学します。

_ _ _ _ _ _ _ _ _ _ _   _ _ _ _ _ _ _   _ _ _ _ _ _ _ _.

2 将来、より多くの学生が留学するようになるでしょう。

____

まとめ復習

解答はP.60

以下の空欄に適切な単語を入れよう。

1 インターネットで情報を共有することは危険な場合もあります。

(　　　　　)(　　　　　) on the Internet can be dangerous.

2 将来、私たちは現金で支払う必要がなくなるでしょう。

We will not have to (　　　　　)(　　　　　)(　　　　　) in the future.

3 英語を話せるようになるには時間がかかります。

It (　　　　　)(　　　　　) to learn to speak English.

4 彼らがアルバイトをすることで、良い経験になるでしょう。

It will be a good experience for them to (　　　　　)(　　　　　).

5 学生は入学試験に合格するために努力しなければいけません。

Students have to (　　　　　)(　　　　　)(　　　　　) to pass the entrance exam.

6 海外で学ぶにはお金がかかります。

It (　　　　　)(　　　　　) to learn in foreign countries.

ライティングおためし模試③

解答はP.61

順番に沿って、1文ずつ書いてみましょう。

Do you think people will stop using cash in the future?

メモ欄

YES	NO

解答欄

1文目 主張 書き出し例：I think（that）~ / I do not think（that）~

2文目 理由① First, / Firstly, / To begin with, / The first reason is（that）~

3文目 理由①の具体例 For example, / For instance, / if ~ / when ~

4文目 理由② Second, / Secondly, / Also, / The second reason is（that）~

5文目 理由②の具体例 For example, / For instance, / if ~ / when ~

6文目 再主張 For these reasons, / That is why ~ / Therefore,

解答・解説

Exercise P.45

1-1 People work part-time.

1-2 It is important for people to work part-time. / Working part-time is important for people.

It is important for A to ~. と~ing is important for A. はどちらも「~することはAにとって大切です。」の意味です。

2-1 We shop online.

2-2 Shopping online makes our lives convenient. / If we shop online, our lives become convenient. / Our lives become convenient if we shop online.

life「生活」の複数形は lives です。
make A〈形容詞〉は「Aを〈形容詞〉にする」の意味です。
if などの接続詞が文中に来る場合は不要ですが、文頭に来る場合はカンマ（,）を使います。

3-1 Farmers grow vegetables.

3-2 Farmers get up early to grow vegetables. / Farmers wake up early to grow vegetables.

get up と wake up はどちらも「起きる」の意味です。ニュアンスの違いとしては、get up は寝ている状態から物理的に起き上がること、wake up は目が覚めることを表現する場合が多いです。

4-1 It costs money.

4-2 It costs money to buy vegetables. / Buying vegetables costs money.

It costs money to ~. と~ing costs money. はどちらも「~するにはお金がかかります。」の意味です。

Exercise P.47

1-1 They stay healthy.

1-2 Everyone wants to stay healthy. / Everyone hopes to stay healthy.

want to ~と hope to ~はどちらも「~したい・~することを望む」の意味です。

2-1 People solve problems.

2-2 Meetings are necessary for people to solve problems. / People need to have meetings to solve problems.

3-1 Teachers make an effort.

3-2 Teachers make an effort to provide good lessons.

4-1 It takes time.

4-2 It takes time to learn a language. / Learning a language takes time.

It takes time to ~. と~ing takes time. はどちらも「~するには時間がかかります。」の意味です。

Exercise P.49

1-1 Things will get better.

1-2 Things will get better if we work on the problem. / If we work on the problem, things will get better.

2-1 Our health will get worse.

2-2 Our health will get worse without taking supplements. / Our health will get worse if we do not take supplements.

without ~ing と if A do(es) not ~はどちらも「(Aが) ~しなければ」の意味です。

3-1 People save money.

3-2 People should save money for the future.

4-1 The Internet can save time.

4-2 The Internet can save time looking up words.

save time ~ing は「~するための時間を節約する」の意味です。

Exercise P.51

1-1 Young people go abroad.

1-2 More young people will go abroad [overseas / to foreign countries].

go abroad と go overseas と go to foreign countries は、どれも「海外に行く」の意味です。

2-1 Many families go on trips.

2-2 It is good for families to go on trips [travel / go traveling]. / Going on trips [Traveling / Going traveling] is good for families.

It is good for A to ～. と～ing is good for A. はどちらも「～することは A にとって良いことです。」の意味です。
go on trips「旅行に行く」を単数形で表す場合は go on a trip です。

3-1 They pay attention.

3-2 They should pay attention to others [other people] .

others と other people はどちらも「他人」の意味です。

4-1 We pay in cash.

4-2 We will not pay in cash in the future. / We will stop paying in cash in the future.

Exercise P.53

1-1 Students do homework.

1-2 Many [A lot of] schools make students do homework every day.

2-1 Adults do housework.

2-2 Adults will not need [have] to do housework.

will not need to ～と will not have to ～はどちらも「～する必要がなくなるだろう」の意味です。

3-1 They cut costs.

3-2 It is important for them to cut costs. / Cutting costs is important for them.

4-1 People follow the rules.

4-2 The situation will get worse if people do not follow the rules. / If people do not follow the rules, the situation will get worse.

解答・解説

Exercise　P.55

1-1 People share information.

1-2 Many [A lot of] people share information on social media. / On social media, many [a lot of] people share information.

social media は不可算名詞なので、単数を表す a や複数を表す s はつきません。

2-1 Elderly people become ill.

2-2 Elderly people [Seniors] will become ill if they do not eat healthy meals. / If elderly people [seniors] do not eat healthy meals, they will become ill.

3-1 Elementary school students study hard.

3-2 Elementary school students study hard to pass tests [exams].

4-1 Students study abroad.

4-2 More students will study abroad in the future. / In the future, more students will study abroad.

in the future が文末に来る場合は不要ですが、文頭に来る場合はカンマ（,）を使います。

まとめ復習　P.56

1 (**Sharing**) (**information**) on the Internet can be dangerous.

share information は「情報を共有する」の意味です。「～すること」という動名詞が主語なので share を ing 形の sharing にします。share の後には別の名詞を持ってくることもできます。

例 ○ share photos「写真を共有する」/ ○ share opinions「意見を共有する」

2 We will not have to (**pay**) (**in**) (**cash**) in the future.

pay in cash は「現金で支払う」の意味です。

3 It (**takes**) (**time**) to learn to speak English.

take time は「時間がかかる」の意味です。主語が It なので take には三単現の s がつきます。

4 It will be a good experience for them to (**work**) (**part-time**).

work part-time は「アルバイトをする」の意味です。

part と time が「アルバイト」という 1 つの意味になるように、間にはハイフンを入れるのが自然です。

5 Students have to (**make**) (**an**) (**effort**) to pass the entrance exam.

make an effort to ～は「～するために努力する」の意味です。

6 It (**costs**) (**money**) to learn in foreign countries.

cost money は「お金がかかる」の意味です。

ライティングおためし模試③ P.57

Do you think people will stop using cash in the future?
将来、人々は現金を使うことをやめると思いますか？

メモ例

YES	将来、人々は現金を使うのをやめる？	NO
安全 └お金を持ち歩かなければ盗まれない スマホで支払う方が便利 └小銭を探す時間が節約できる		お年寄りはデジタル機器を使うのが苦手 └現金で支払う方が簡単 セキュリティの問題がある └カード番号を見られる

【YES 解答例】（合計 59 語）

1文目　**I think people will stop using cash in the future.**
将来、人々は現金を使うことをやめると思います。

2文目　**First, using cash is not safe.**
1つ目に、現金を使うことは安全ではありません。

3文目　**If people do not carry money around, it will not be stolen.**
もし人々がお金を持ち歩かなければ、盗まれないでしょう。

4文目　**Second, paying with smartphones is more convenient.**
2つ目に、スマートフォンで支払う方が便利です。

5文目　**They can save time looking for coins in their wallets.**
彼らは財布の小銭を探す時間を節約することができます。

6文目　**For these reasons, I think people will stop paying in cash in the future.**
これらの理由から、将来、人々は現金で支払うことをやめると思います。

【NO 解答例】（合計 60 語）

1文目　**I do not think people will stop using cash in the future.**
将来、人々が現金を使うことをやめるとは思いません。

2文目　**First, some elderly people cannot use digital devices.**
1つ目に、デジタル機器が使えない高齢者もいます。

3文目　**Paying in cash is easier for them.**
彼らにとって、現金で支払う方が簡単です。

4文目　**Second, there are security problems.**
2つ目は、セキュリティの問題です。

5文目　**For instance, some people worry that others see their credit card numbers.**
例えば、クレジットカードの番号を他人に見られることを心配する人もいます。

6文目　**For these reasons, I do not think people will stop paying in cash in the future.**
これらの理由から、将来、人々が現金で支払うことをやめるとは思いません。

DAY 4

LESSON 1

鉄板ボキャブラリー 名詞コロケーション①

25

049

foreign language
外国語

Learning a **foreign language** can be fun and interesting.
外国語を学ぶことは楽しくておもしろくなることがあります。

便利な表現 ~ing can be〈形容詞〉.「~することは〈形容詞〉になることがあります。」

050

transportation fee
交通費

It is said that fewer people will use cash for **transportation fees**.
交通費に現金を使う人は少なくなると言われています。

便利な表現 It is said that A ~(動詞).「A は~すると言われています。」

051

electric car
電気自動車

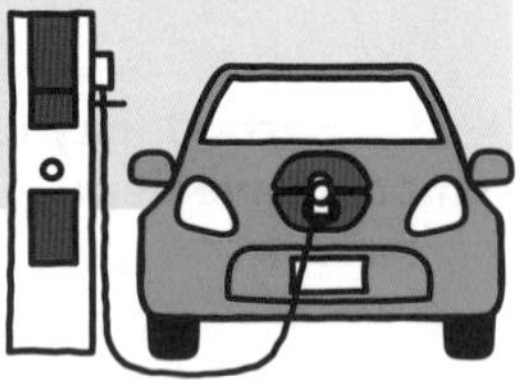

There will be more **electric cars** in Japan.
日本では電気自動車が増えるでしょう。

052

volunteer work
ボランティア

It will be a good experience to take part in **volunteer work**.
ボランティアに参加するのは良い経験になるでしょう。

Exercise

解答はP.76

音読でアウトプット!

左ページの例文の音声を聞いて、3回ずつ声に出して読もう。

26

英訳でアウトプット!

和文を英訳しよう。点線は字数と語数を表します。

1

1 外国語を話す

_ _ _ _ _   _   _ _ _ _ _ _ _   _ _ _ _ _ _ _ _

2 彼らは外国語を話す努力をするべきです。

____

2

1 交通費を払う

_ _ _   _ _ _ _ _ _ _ _ _ _ _ _ _ _   _ _ _ _ _

2 交通費を払うにはお金がかかります。

____

3

1 電気自動車に * 乗る　*drive

_ _ _ _ _   _ _ _ _ _ _ _ _   _ _ _ _

2 将来、より多くの人が電気自動車に乗るでしょう。

____

4

1 ボランティアをする

_ _   _ _ _ _ _ _ _ _ _   _ _ _ _

2 最近では、ボランティアをする若者は多くないです。

____

DAY 4

LESSON 2

鉄板ボキャブラリー 名詞コロケーション②

27

053

healthy meal
健康的な食事

It is important for people to eat **healthy meals** if they want to live longer.
より長生きしたければ健康的な食事をとることが大切です。

便利な表現 live long「長生きする」

054

fast food
ファストフード

Eating **fast food** every day will make people become ill.
毎日ファストフードを食べると人々は病気になるでしょう。

055

amusement park
遊園地

Going to an **amusement park** is a good way for families to enjoy their holidays.
遊園地に行くのは家族で休日を楽しむ良い方法です。

056

club activity
部活動

Joining **club activities** helps students make new friends.
部活動に参加することで学生は新しい友達を作ることができます。

便利な表現 ~ing helps A ... .「~することでAは…することができます。」

Exercise

解答はP.76

音読でアウトプット!

左ページの例文の音声を聞いて、3回ずつ声に出して読もう。

28

英訳でアウトプット!

和文を英訳しよう。点線は字数と語数を表します。

1

1 健康的な食事を作る

____ _________ ______

2 健康的な食事を作れるようになることは大切です。

____

2

1 ファストフードを食べる

___ _____ _____

2 ファストフードを食べすぎることは私たちの健康に良くありません。

____

3

1 子どもを遊園地に連れて行く

____ _________ __ __ __________ ____

2 * 週末、親は子どもを遊園地に連れて行きます。 *on weekends

____

4

1 部活動に興味を持つ

______ __________ __ ____ __________

2 多くの学生は * 春に部活動に興味を持ちます。 *in spring

____

DAY 4

DAY 4

LESSON 3

鉄板ボキャブラリー 名詞コロケーション③

29

057

convenience store
コンビニ

Convenience stores are useful because they are always open.
コンビニはいつも開いているので便利です。

058

shopping basket
買い物かご

More people will take their own **shopping baskets** to stores in the future.
将来、 自分の買い物かごをお店に持って行く人が増えるでしょう。

059

online shopping
ネット通販

More elderly people will become familiar with **online shopping**.
ネット通販に慣れる高齢者が増えるでしょう。

便利な表現 become familiar with A「A に慣れる」

060

daily life
日常生活

It is a good idea to exercise in our **daily lives**.
日常生活の中で運動をするのは良い考えです。

Exercise

解答はP.77

音読でアウトプット!

30

左ページの例文の音声を聞いて、3回ずつ声に出して読もう。

英訳でアウトプット!

和文を英訳しよう。点線は字数と語数を表します。

1

1 コンビニに行く

__ __ ___________ ______

2 将来、より多くの高齢者がコンビニに行くようになるでしょう。

2

1 買い物かごを使う

___ ________ _______

2 ほとんどの人がスーパーで買い物かごを使います。

3

1 ネット通販を楽しむ

_____ ______ ________

2 将来、より多くの高齢者がネット通販を楽しむでしょう。

4

1 日常生活の中でテレビゲームをする

____ _____ _____ __ _____ _____

2 子どもが日常生活の中でテレビゲームをすれば、たくさんのことを学ぶことができます。

DAY 4

DAY 4

LESSON 4

鉄板ボキャブラリー

名詞コロケーション④

31

061 trash can
ゴミ箱

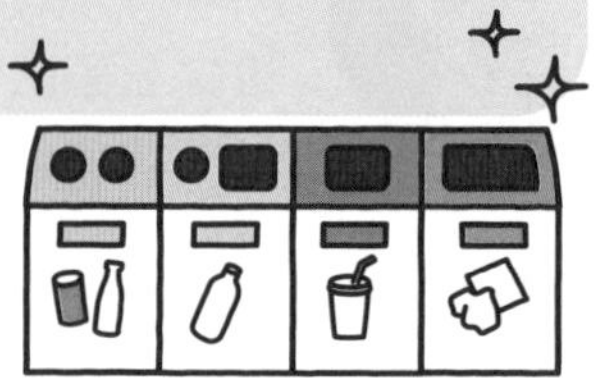

If there are more **trash cans**, our city will be cleaner.
ゴミ箱が増えれば、 私たちの街はよりきれいになります。

062 vending machine
自動販売機

Vending machines can be useful when people get thirsty outside.
自動販売機は外で喉が渇いたときに便利です。

063 plastic bottle
ペットボトル

A lot of people throw away **plastic bottles** in the park.
公園でペットボトルを捨てる人が多いです。

064 air conditioning
エアコン

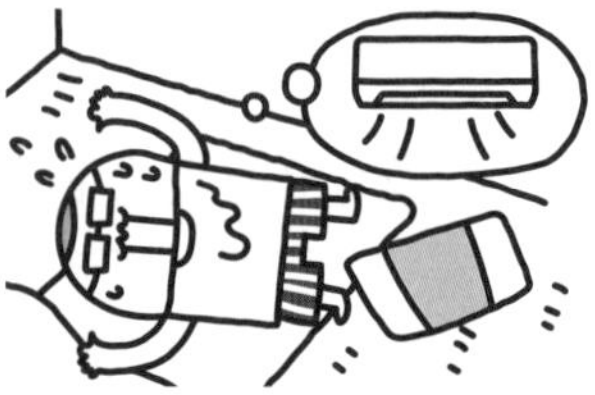

It is too hot to spend the summer without **air conditioning**.
暑すぎてエアコンなしで夏を過ごすことができません。

便利な表現 It is too 〈形容詞〉 to ~(動詞の原形).「〈形容詞〉すぎて~できません。」

Exercise

解答はP.77

音読でアウトプット!

左ページの例文の音声を聞いて、3回ずつ声に出して読もう。

32

英訳でアウトプット!

和文を英訳しよう。点線は字数と語数を表します。

1

1 ゴミ箱を * 設置する　*set up

＿＿＿ ＿＿ ＿＿＿＿＿ ＿＿＿＿

2 私たちは街にゴミ箱を設置するべきです。

＿＿＿＿＿＿＿＿＿＿＿＿＿＿＿＿＿＿＿＿

2

1 自動販売機を見つける

＿＿＿＿ ＿＿＿＿＿＿＿ ＿＿＿＿＿＿＿＿

2 私たちは多くの自動販売機を公園の近くで見つけることができます。

＿＿＿＿＿＿＿＿＿＿＿＿＿＿＿＿＿＿＿＿

3

1 ペットボトルを * リサイクルする　*recycle

＿＿＿＿＿＿＿ ＿＿＿＿＿＿＿ ＿＿＿＿＿＿＿

2 ペットボトルをリサイクルすることは大切です。

＿＿＿＿＿＿＿＿＿＿＿＿＿＿＿＿＿＿＿＿

4

1 エアコンを必要とする

＿＿＿＿ ＿＿＿ ＿＿＿＿＿＿＿＿＿＿＿＿

2 私たちは勉強に集中するためにエアコンが必要です。

＿＿＿＿＿＿＿＿＿＿＿＿＿＿＿＿＿＿＿＿

DAY 4

LESSON 5

鉄板ボキャブラリー 名詞コロケーション⑤

33

065

the latest information
最新情報

We can get **the latest information** by using smartphones.
スマートフォンを使うことで最新情報を手に入れることができます。

便利な表現 A can ... by ~ing.「A は~することで…できます。」

066

digital device
デジタル機器

There are many **digital devices** such as computers, smartphones, and tablet computers.
パソコン、 スマートフォン、 タブレット端末などデジタル機器はたくさんあります。

067

e-book
電子書籍

More people will enjoy **e-books** on smartphones.
スマートフォンで電子書籍を楽しむ人が増えるでしょう。

068

tablet computer
タブレット端末

Today, elementary school students study on **tablet computers.**
現代では、 小学生はタブレット端末で勉強します。

Exercise

解答はP.78

音読でアウトプット!

左ページの例文の音声を聞いて、3回ずつ声に出して読もう。

34

英訳でアウトプット!

和文を英訳しよう。点線は字数と語数を表します。

1

1 最新情報を探す

____ ___ ___ ______ ___________

2 多くの人が * インターネットで最新情報を探します。*on the Internet

____

2

1 デジタル機器を使う

___ _______ _______

2 学生にとってデジタル機器を使うことは必要です。

____

3

1 電子書籍を持つ

____ _______

2 電子書籍を持っていれば、人々は * 普通の本を * 持ち運ぶ必要がなくなります。*regular books *carry

____

4

1 タブレット端末を買う

___ ______ _________

2 多くの親が子どものためにタブレット端末を買います。

____

DAY 4

LESSON 6

鉄板ボキャブラリー 名詞コロケーション⑥

35

069

long distance
長距離

Walking **long distances** is a good way to lose weight.
長距離を歩くことは体重を減らすのに良い方法です。

セットで覚えたい表現 gain weight「体重を増やす」

070

school uniform
制服

School uniforms are good because students do not have to think about what to wear.
学生が何を着るか考える必要がないので、制服は良いです。

071

sports program
スポーツ番組

Not many young people watch **sports programs** these days.
最近では、若者がスポーツ番組を見ることは少ないです。

072

traditional culture
伝統文化

Making foreign friends will help people learn about **traditional culture**.
外国人の友達を作ることで人々は伝統文化を学ぶことができるでしょう。

Exercise

解答はP.78

音読でアウトプット!

左ページの例文の音声を聞いて、3回ずつ声に出して読もう。

36

英訳でアウトプット!

和文を英訳しよう。点線は字数と語数を表します。

1

1 長距離タクシーに * 乗る　*take

＿＿＿＿ ＿ ＿＿＿＿ ＿＿＿ ＿＿＿＿ ＿＿＿＿＿＿＿＿＿

2 タクシーは長距離を乗るには高すぎます。

2

1 制服を着る

＿＿＿＿ ＿＿＿＿＿＿ ＿＿＿＿＿＿＿＿

2 将来、制服を着る学生は減るでしょう。

3

1 スポーツ番組を楽しむ

＿＿＿＿＿ ＿＿＿＿＿＿ ＿＿＿＿＿＿＿＿

2 スポーツ番組を見て楽しむ子どもは少ない(ほとんどいない)です。

4

1 伝統文化に興味を持つ

＿＿＿＿＿＿ ＿＿＿＿＿＿＿＿＿＿＿ ＿＿

＿＿＿＿＿＿＿＿＿＿＿ ＿＿＿＿＿＿＿

2 人々にとって日本の伝統文化に興味を持つことは大切です。

まとめ復習

解答はP.78

以下の空欄に適切な単語を入れよう。

1 現代では、私たちはデジタル機器なしでは生きていけません。

We cannot live without (　　　　　　)(　　　　　　) today.

2 エアコンは健康でいるために必要です。

(　　　　　　)(　　　　　　) is necessary to stay healthy.

3 ネット通販は人々がほしいものを探すのに良い方法です。

(　　　　　　)(　　　　　　) is a good way to look for things people want.

4 電気自動車は買うのにたくさんお金がかかります。

It costs a lot of money to buy an (　　　　　　)(　　　　　　).

5 部活動はチームワークを学べる良い機会になります。

(　　　　　　)(　　　　　　) give us a chance to learn about teamwork.

6 より多くの人がペットボトルのリサイクルに気を配るべきです。

More people should pay attention to recycling (　　　　　　)(　　　　　　).

ライティング模試①

解答はP.79

本番を意識して答えましょう。※目安時間 20 分

- あなたは、外国人の知り合いから以下の QUESTION をされました。
- QUESTION について、あなたの意見とその理由を2つ英文で書きなさい。
- 語数の目安は 50 語～ 60 語です。
- 解答は、下の解答欄に書きなさい。なお、解答欄の外に書かれたものは採点されません。
- 解答が QUESTION に対応していないと判断された場合は、0点と採点されることがあります。QUESTION をよく読んでから答えてください。

QUESTION
Do you think it is a good idea for people to buy things online?

解答欄

解答・解説

Exercise P.63

1-1 speak a foreign language

1-2 They should make an effort to speak a foreign language. / They should try hard to speak a foreign language.

make an effort to ～と try hard to ～はどちらも「～する努力をする」の意味です。

2-1 pay transportation fees

2-2 It costs money to pay transportation fees.

3-1 drive electric cars

3-2 More people will drive electric cars in the future.

4-1 do volunteer work

4-2 Not many [a lot of] young people do volunteer work these days. / These days, not many [a lot of] young people do volunteer work.

these days が文末に来る場合は不要ですが、文頭に来る場合はカンマ（,）を使います。these days の他にも nowadays や in recent years でも良いです。

Exercise P.65

1-1 cook [make] healthy meals

1-2 It is important to learn to cook [make] healthy meals. / It is important to learn how to cook [make] healthy meals.

cook と make はどちらも「（食事を）作る」の意味です。

2-1 eat fast food

2-2 Eating too much fast food is not good for our health. / It is not good for our health to eat too much fast food.

3-1 take children to an amusement park

3-2 Parents take their children to an amusement park on weekends.

4-1 become interested in club activities

4-2 Many [A lot of] students become [are] interested in club activities in spring.

many と a lot of は「多くの」の意味です。many は可算名詞にしか使えませんが、a lot of は可算名詞・不可算名詞のどちらにも使えます。

Exercise P.67

1-1 go to convenience stores

1-2 More elderly people [seniors] will go to convenience stores in the future.

elderly people と seniors はどちらも「高齢者・お年寄り」の意味です。

2-1 use shopping baskets

2-2 Most people use shopping baskets at the supermarket.

3-1 enjoy online shopping

3-2 More elderly people [seniors] will enjoy online shopping in the future. / In the future, more elderly people [seniors] will enjoy online shopping.

4-1 play video games in daily lives

4-2 If children play video games in their daily lives, they can learn many [a lot of] things. / Children can learn many [a lot of] things by playing video games in their daily lives.

Exercise P.69

1-1 set up trash cans

1-2 We should set up trash cans in cities.

2-1 find vending machines

2-2 We can find many vending machines near the park. / We can find a lot of vending machines near the park.

3-1 recycle plastic bottles

3-2 It is important to recycle plastic bottles. / Recycling plastic bottles is important.

It is important (for A) to ~. と ~ing is important (for A). はどちらも「(A にとって) ~することは大切です。」の意味です。

4-1 need air conditioning

4-2 We need air conditioning to concentrate [focus] on studying. / Air conditioning is necessary for us to concentrate [focus] on studying.

A need(s) B to ~. と B is [are] necessary for A to ~. はどちらも「A にとって~するために B が必要です。」の意味です。
concentrate on A と focus on A はどちらも「A に集中する」の意味です。

解答・解説

Exercise P.71

1-1 look for the latest information
1-2 Many [A lot of] people look for the latest information on the Internet.
2-1 use digital devices
2-2 It is necessary for students to use digital devices. / Students need to use digital devices.
3-1 have e-books
3-2 If people have e-books, they will not have [need] to carry regular books. / People will not have [need] to carry regular books if they have e-books.
4-1 buy tablet computers
4-2 Many [A lot of] parents buy tablet computers for their children.

Exercise P.73

1-1 take a taxi for long distances
1-2 It is too expensive to take a taxi for long distances. / It costs too much (money) to take a taxi for long distances.
2-1 wear school uniforms
2-2 Fewer students will wear school uniforms in the future.
3-1 enjoy sports programs
3-2 Few children enjoy watching sports programs.

few は「少ない・ほとんどない」の意味で、可算名詞に使われます。

4-1 become interested in traditional culture
4-2 It is important for people to become [be] interested in Japanese traditional culture. / Becoming [Being] interested in Japanese traditional culture is important for people.

It is important for A to ~. と ~ing is important for A. はどちらも「A にとって~することは大切です。」の意味です。

まとめ復習 P.74

1 We cannot live without (**digital**) (**devices**) today.

digital devices は「デジタル機器」の意味です。単数形の場合、digital device です。

2 (**Air**) (**conditioning**) is necessary to stay healthy.

air conditioning は「エアコン(空調)」の意味です。air conditioning はエアコンをつけること(空調)、air conditioner は物理的なエアコン本体を表します。

3 (**Online**) (**shopping**) is a good way to look for things people want.

online shopping は「ネット通販」の意味です。語順を逆にした shopping online だと「ネットで買い物をすること」という動名詞の主語になります。

4 It costs a lot of money to buy an (**electric**) (**car**).

electric car は「電気自動車」の意味です。1台の場合、electric の最初の e が母音なので冠詞は an がつきます。

5 (**Club**) (**activities**) give us a chance to learn about teamwork.

club activities は「部活動」の意味です。単数形の場合、club activity です。

6 More people should pay attention to recycling (**plastic**) (**bottles**).

plastic bottles は「ペットボトル」の意味です。単数形の場合、plastic bottle です。

ライティング模試① P.75

Do you think it is a good idea for people to buy things online?
人々がインターネットで物を買うのは良い考えだと思いますか？

メモ欄

YES	インターネットで物を買うのは良い考え？	NO
時間を節約できる Lデジタル機器を使えば、お店を訪れる必要がない		実店舗の方が品質を確認しやすい Lネットだと穴やダメージを見つけにくい
日常生活を便利にしてくれる Lクレジットカードを使うとポイントを得られる		スタッフは買い物をより良くしてくれる Lファッションの最新情報を共有してくれる

【YES 解答例】（合計 60 語）

I think it is a good idea for people to buy things online.
First, people can save time. If they can use digital devices, they do not have to visit regular stores.
Second, online shopping makes their daily lives convenient. Using a credit card gives them a chance to get points.
For these reasons, I think shopping online is good.

人々がオンラインで物を買うのは良い考えだと思います。
1つ目に、人々は時間を節約できます。デジタル機器を使えるなら、お店を訪れる必要がありません。
2つ目に、オンラインショッピングは彼らの日常生活を便利にします。クレジットカードを使うことは、ポイントを得る機会を与えてくれます。
これらの理由から、ネット通販は良いと思います。

【NO 解答例】（合計 60 語）

I do not think it is a good idea for people to buy things online.
First, checking the quality of items at stores is easier. It is difficult to find holes or damage online.
Second, store staff make shopping better. They share the latest information about fashion with people.
For these reasons, I do not think shopping online is good.

人々がオンラインで物を買うのは良い考えだとは思いません。
1つ目に、店舗で商品の品質を確認する方がより簡単です。オンラインでは穴やダメージを見つけるのが難しいです。
2つ目に、店舗のスタッフは買い物をより良くしてくれます。彼らはファッションについての最新情報を人々に共有してくれます。
これらの理由から、ネット通販が良いとは思いません。

DAY 5

LESSON 1

鉄板ボキャブラリー 形容詞①

37

073

noisy ◀▶ **quiet**

騒がしい 静か

Children should learn to be **quiet** in public places.

子どもは公共の場で静かにできるようになるべきです。

074

boring ◀▶ **interesting**

つまらない おもしろい

Students find it **interesting** to study new subjects.

学生は新しい教科を勉強することをおもしろいと感じます。

075

easy ◀▶ **difficult**

簡単な 難しい

It is **difficult** for Japanese people to understand foreign films.

日本人が海外の映画を理解するのは難しいです。

言い換え hard (=difficult)

076

cheap ◀▶ **expensive**

安い 高い

Computers are too **expensive** for students to buy.

パソコンは高すぎて学生は買えません。

言い換え low in price / inexpensive (=cheap)
high in price (=expensive)

Exercise

解答はP.94

音読でアウトプット！

38

左ページの例文の音声を聞いて、3回ずつ声に出して読もう。

英訳でアウトプット！

和文を英訳しよう。点線は字数と語数を表します。

1

1 私たちは静かです。

__ ___ _____.

2 私たちは図書館では静かにしなければなりません。

____

2

1 本はおもしろいです。

_____ ___ ___________.

2 子どもにはおもしろい本を選んであげることが大切です。

____

3

1 ＊数学の問題は難しいです。＊math

____ ________ ___ _________.

2 多くの学生が数学の問題が難しいと感じます。

____

4

1 旅行は高いです。

_________ __ _________.

2 旅行は高いので、お金を貯める必要があります。

____

DAY 5

DAY 5

LESSON 2

鉄板ボキャブラリー 形容詞②

39

077

many ◀▶ **few**

たくさんの　少しの（ほとんどない）

It is said that **few** people do volunteer work today.

現代では、 ボランティアをする人は少ない（ほとんどいない）と言われています。

解説　many / few の後には可算名詞が来ます。

例 many animals「たくさんの動物」/ few people「少ない人（人がほとんどいない）」

078

much ◀▶ **little**

たくさんの　少しの（ほとんどない）

Most students have **little** time to prepare for tests.

ほとんどの学生はテストの準備をする時間がほとんどありません。

解説　much / little の後には不可算名詞が来ます。

例 much water「たくさんの水」/ little time「少しの時間（時間がほとんどない）」

079

safe ◀▶ **dangerous**

安全な　危険な

Social media can be **dangerous** if people are not careful about what they share online.

人々がオンラインで共有する内容に注意を払わなければ、 SNS は危険なものになります。

080

urban ◀▶ **rural**

都会の　田舎の

More people will live in **rural** areas in the future.

将来、 より多くの人が田舎の地域に住むようになるでしょう。

言い換え　in the countryside (= in rural areas)

Exercise

解答はP.94

音読でアウトプット!

左ページの例文の音声を聞いて、3回ずつ声に出して読もう。

40

英訳でアウトプット!

和文を英訳しよう。点線は字数と語数を表します。

1

1 留学をする学生は少ない(ほとんどいない)です。

___ ________ _____ ______.

2 お金がかかるので留学をする学生は少ない(ほとんどいない)です。

____

2

1 多くの若者はお金がほとんどありません。

____ _____ ______ ____

______ _____.

2 多くの若者はお金がほとんどないので、アルバイトをします。

____

3

1 それは危険です。

__ ___ _________.

2 歩きながらスマートフォンを使うのは危険です。

____

4

1 学生は田舎の地域に住みます。

________ ____ __ _____ _____.

2 田舎の地域に住むことを * 選ぶ学生もいます。 *choose

____

DAY 5

DAY 5

LESSON 3

鉄板ボキャブラリー 形容詞③

41

081 crowded
混んでいる

Some people do not like to go shopping because stores are too **crowded** and noisy.

お店はあまりに混んでいて騒がしいので、 買い物に行くのが好きではない人もいます。

082 various
さまざまな

Traveling can be a good opportunity to meet **various** people in foreign countries.

旅行することは、 外国でさまざまな人と会う良い機会になります。

083 enough
十分な

Most students do not have **enough** time to read novels.

ほとんどの学生は小説を読む十分な時間がありません。

084 ~ -year-old
～歳の

Today, most **ten-year-old** children know how to use computers.

現代では、 10 歳の子どものほとんどがパソコンの使い方を知っています。

Exercise

解答はP.95

音読でアウトプット!

左ページの例文の音声を聞いて、3回ずつ声に出して読もう。

42

英訳でアウトプット!

和文を英訳しよう。点線は字数と語数を表します。

1

1 *ショッピングモールは混んでいます。*shopping malls

_ _ _ _ _ _ _ _ _   _ _ _ _ _ _   _ _ _   _ _ _ _ _ _ _ _.

2 ショッピングモールが混んでいると、*駐車スペースを見つけるのが難しいです。*a parking space

____

2

1 さまざまな*選択肢があります。*options

_ _ _ _ _   _ _ _   _ _ _ _ _ _ _ _   _ _ _ _ _ _ _ _.

2 *交通手段にはさまざまな選択肢があります。*transportation

____

3

1 私たちには十分な時間があります。

_ _   _ _ _ _ _   _ _ _ _ _ _ _ _   _ _ _ _ _.

2 私たちは*たいてい宿題を終える十分な時間がありません。*usually

____

4

1 6歳の子どもは話すことが好きです。

_ _ _ _ _ _ _ _ _ _ _ _   _ _ _ _ _ _ _ _   _ _ _ _   _ _ _ _ _ _ _.

2 6歳の子どもは話すことが好きなので、親は聞いてあげることが大切です。

____

DAY 5

LESSON 4 鉄板ボキャブラリー 副詞①

43

085

already ◀▶ **yet**
すでに　まだ

Electric cars are not used by many people **yet**.
電気自動車はまだ多くの人には使われていません。

解説 例文では、一般動詞 use「使う」が be used (by A)「(A に)使われる」という受け身の形で表されています。

086

during the day ◀▶ **at night**
日中に　夜に

It is important to turn off digital devices **at night**.
夜はデジタル機器の電源を切ることが大切です。

087

slowly ◀▶ **quickly**
ゆっくり　(動作が)早く

We can get the latest information **quickly** by using smartphones.
私たちはスマートフォンを使うことで最新の情報を早く手に入れることができます。

言い換え fast (=quickly)
at a slow speed (=slowly)

088

late ◀▶ **early**
遅く　(時間が)早く

Going to bed **early** can stop us from being sleepy during the day.
早く寝ることで日中眠くなるのを防ぐことができます。

便利な表現 A can stop B from ~ing.「AはBが~するのを防ぐことができます。」

Exercise

解答はP.95

音読でアウトプット!

左ページの例文の音声を聞いて、3回ずつ声に出して読もう。

44

英訳でアウトプット!

和文を英訳しよう。点線は字数と語数を表します。

1

1 私たちはまだ英語を話せません。

__ ______ _____ _______ ___.

2 私たちはまだ英語を話せないので、一生懸命練習するべきです。

____

2

1 学生は夜ゲームをします。

________ ____ _____ __ _____.

2 学生は夜ゲームをすると、勉強ができません。

____

3

1 私たちは早く単語を調べます。

__ ____ __ _____ _______.

2 私たちは * 電子辞書を使えば、すぐに単語を調べることができます。

*an electronic dictionary

____

4

1 人々は早く起きます。

______ ___ __ _____.

2 多くの人は仕事に行くために早く起きなければなりません。

____

DAY 5

LESSON 5

鉄板ボキャブラリー 副詞②

45

089

regularly
ふだんから

It is important for people to exercise **regularly**.
人々にとってふだんから運動をすることは大切です。

090

individually
個々に

Teachers should communicate with students **individually**.
先生は学生と個々にコミュニケーションを取るべきです。

言い換え one by one (=individually)

091

alone
一人で

It is not safe to walk **alone** in the park late at night.
夜遅くに公園を一人で歩くのは危険です。

言い換え by oneself (=alone)

092

overseas
海外に

Traveling **overseas** is a good chance to experience new things and meet a lot of people.
海外旅行をするのは、 新しい事を経験したりたくさんの人に出会えたりする良い機会です。

言い換え abroad (=overseas)

Exercise

解答はP.95

音読でアウトプット!

左ページの例文の音声を聞いて、3回ずつ声に出して読もう。

46

英訳でアウトプット!

和文を英訳しよう。点線は字数と語数を表します。

1

1 私はふだんから歩きます。

_ ____ _________.

2 ふだんから歩くことは健康維持のために良い方法です。

____

2

1 人々は個々に * 質問します。 *ask questions

______ ___ _________ ____________.

2 人々にとって会議中に個々に質問することは必要です。

____

3

1 若者は一人暮らしをします。

_____ ______ ____ _____.

2 若者にとって一人暮らしは良い経験になります。

____

4

1 人々は海外旅行をします。

______ ______ ________.

2 将来、海外旅行をする人は増えるでしょう。

____

DAY 5

LESSON 6

鉄板ボキャブラリー 副詞③

47

093

for free
無料で

There are many smartphone applications we can download **for free**.

無料でダウンロードできるスマートフォンのアプリがたくさんあります。

便利な表現　application「アプリ」(appに短縮することもできます)

094

on the Internet
インターネットで

It is convenient for students to study by watching videos **on the Internet**.

インターネットで動画を見て勉強できるのは学生にとって便利です。

言い換え　online (=on the Internet)

095

after school
放課後

After school, some students work part-time to earn money.

放課後、アルバイトをしてお金を稼ぐ学生もいます。

096

24 hours a day
一日中

Convenience stores are open **24 hours a day**, so we can buy food anytime we want.

コンビニは一日中開いているので、好きなときに食べ物を買うことができます。

言い換え　all day and night (=24 hours a day)

Exercise

解答はP.96

音読でアウトプット!

左ページの例文の音声を聞いて、3回ずつ声に出して読もう。

🔊 48

英訳でアウトプット!

和文を英訳しよう。点線は字数と語数を表します。

1

1 私たちはチケットを無料で * 手に入れます。*get

＿＿ ＿＿＿＿ ＿＿＿＿＿＿＿＿ ＿＿＿＿ ＿＿＿＿＿.

2 私たちが無料でチケットを手に入れられれば、美術館は混むでしょう。

＿＿＿＿＿＿＿＿＿＿＿＿＿＿＿＿＿＿＿＿＿＿＿＿＿＿

2

1 人々は写真をインターネットで * アップロードします。*upload

＿＿＿＿＿＿ ＿＿＿＿＿＿ ＿＿＿＿＿＿ ＿＿ ＿＿＿ ＿＿＿＿＿＿＿＿.

2 人々がインターネットに写真をアップロードするときは、注意するべきです。

＿＿＿＿＿＿＿＿＿＿＿＿＿＿＿＿＿＿＿＿＿＿＿＿＿＿

3

1 学生は放課後、部活動に参加します。

＿＿＿＿＿＿＿＿ ＿＿＿＿ ＿＿＿＿ ＿＿＿＿＿＿＿＿＿＿＿

＿＿＿＿＿＿ ＿＿＿＿＿＿＿.

2 学生にとって放課後部活動に参加することは大切です。

＿＿＿＿＿＿＿＿＿＿＿＿＿＿＿＿＿＿＿＿＿＿＿＿＿＿

4

1 いくつかの * 空港は一日中開いています。*airports

＿＿＿＿ ＿＿＿＿＿＿＿＿ ＿＿＿ ＿＿＿＿ ＿＿ ＿＿＿＿＿ ＿ ＿＿＿.

2 いくつかの空港は一日中開いているので、人々にとって便利です。

＿＿＿＿＿＿＿＿＿＿＿＿＿＿＿＿＿＿＿＿＿＿＿＿＿＿

DAY 5

まとめ復習

解答はP.96

以下の空欄に適切な単語を入れよう。

1 コンビニのコピー機が無料で使えるようになると便利になるでしょう。

It will be convenient if we can use copy machines at convenience stores (　　　　　)(　　　　　).

2 若者が海外で生活すれば、さまざまなことを経験するでしょう。

If young people (　　　　　)(　　　　　), they will experience various things.

3 スマートフォンを使うことは、一部の子どもにとって簡単です。

Using smartphones is (　　　　　) for some children.

4 人々は毎日十分な水を飲むべきです。

People should drink (　　　　　) water every day.

5 道路が混雑しているときに運転を楽しむことは、人々にとって難しいです。

It is difficult for people to enjoy driving when the road is (　　　　　).

6 学生は放課後宿題をする必要があります。

Students need to do their homework (　　　　　)(　　　　　).

ライティング模試②

解答はP.97

本番を意識して答えましょう。※目安時間 20 分

- あなたは、外国人の知り合いから以下の QUESTION をされました。
- QUESTION について、あなたの意見とその理由を2つ英文で書きなさい。
- 語数の目安は 50 語～ 60 語です。
- 解答は、下の解答欄に書きなさい。なお、解答欄の外に書かれたものは採点されません。
- 解答が QUESTION に対応していないと判断された場合は、0点と採点されることがあります。QUESTION をよく読んでから答えてください。

QUESTION

Do you think children should start learning English early?

解答欄

解答・解説

Exercise P.81

1-1 We are quiet.

1-2 We must be quiet in the library. / We have to be quiet in the library.

must ～と have to ～はどちらも「～しなければならない」の意味です。

2-1 Books are interesting.

2-2 It is important to choose interesting books for children. / Choosing interesting books for children is important.

It is important to ～. と～ing is important. はどちらも「～することは大切です。」の意味です。

3-1 Math problems are difficult.

3-2 Many [A lot of] students find math problems difficult. / Many [A lot of] students feel that math problems are difficult.

A find(s) B〈形容詞〉. と A feel(s) that B is [are]〈形容詞〉. はどちらも「A は B が〈形容詞〉だと感じます。」の意味です。

4-1 Traveling is expensive.

4-2 Traveling is expensive, so it is necessary to save money. / It is necessary to save money because traveling is expensive.

〈原因〉, so〈結果〉. と〈結果〉because〈原因〉. の文は、どちらも「〈原因〉なので、〈結果〉です。」の意味です。so の前には必要ですが、because の前のカンマ (,) は不要です。〈原因〉と〈結果〉の位置を逆にしないように注意しましょう。

Exercise P.83

1-1 Few students study abroad.

1-2 Few students study abroad because it costs money. / Few students study abroad because it is expensive.

it costs money と it is expensive はどちらも「お金がかかる」の意味です。

2-1 Many young people have little money.

2-2 Many [A lot of] young people have little money, so they work part-time. / Many [A lot of] young people work part-time because they have little money.

A do(es) not have much〈不可算名詞〉.「A は〈不可算名詞〉があまりありません。」も便利です。

例 Students do not have much money.「学生はお金があまりありません。」/ People do not have much time.「人々は時間があまりありません。」

3-1 It is dangerous.

3-2 It is dangerous to use a smartphone while walking. / Using a smartphone while walking is dangerous.

while ～ing は「～しながら・～している間」の意味です。

It is dangerous to ～. と～ing is dangerous. はどちらも「～するのは危険です。」の意味です。

4-1 Students live in rural areas.

4-2 Some students choose to live in rural areas.

by ～ing と if (A) ～はどちらも「(A が) ～すれば」の意味です。

4-1 People get up early.

4-2 Many [A lot of] people must[have to] get up early to go to work.

to go to work の冒頭の to は「～するために」の意味の to 不定詞（副詞的用法）です。

Exercise P.85

1-1 Shopping malls are crowded.

1-2 It is difficult to find a parking space when shopping malls are crowded. / When shopping malls are crowded, it is difficult to find a parking space.

when などの接続詞が文中に来る場合は不要ですが、文頭に来る場合はカンマ（,）を使います。

2-1 There are various options.

2-2 There are various options [choices] for transportation.

3-1 We have enough time.

3-2 We usually do not have enough time to finish our homework.

4-1 Six-year-old children like talking.

4-2 Six-year-old children like talking, so it is important for parents to listen to them. / It is important for parents to listen to six-year-old children because they like talking.

listen to A と hear A はどちらも「A を聞く」の意味ですが、ニュアンスが違います。listen to A は意識的に耳を傾けて聞くときに使います。一方、hear A は単に音が耳に入ってくるニュアンスを含むので、「A が聞こえる」とも言えます。

Exercise P.87

1-1 We cannot speak English yet.

1-2 We cannot speak English yet, so we should practice hard. / We should practice hard because we cannot speak English yet.

2-1 Students play games at night.

2-2 If students play games at night, they cannot study. / Students cannot study if they play games at night.

3-1 We look up words quickly.

3-2 We can look up words quickly by using an electronic dictionary. / We can look up words quickly if we use an electronic dictionary.

Exercise P.89

1-1 I walk regularly.

1-2 Walking regularly is a good way to stay healthy.

～ing is a good way to .... は「～することは…するために良い方法です。」の意味です。

2-1 People ask questions individually.

2-2 It is necessary for people to ask questions individually during meetings. / Asking questions individually during meetings is necessary for people.

It is necessary for A to ～. と～ing is necessary for A. はどちらも「A にとって～することは必要です。」の意味です。

3-1 Young people live alone.

3-2 It can be a good experience for young people to live alone. / Living alone can be a good experience for young people.

It can be a good experience for A to ～. と～ing can be a good experience for A. はどちらも「A にとって～することは良い経験になります。」の意味です。

4-1 People travel overseas.

4-2 More people will travel overseas [abroad] in the future.

解答・解説

Exercise P.91

1-1 We get tickets for free.

1-2 The museum will be crowded if we can get tickets for free. / If we can get tickets for free, the museum will be crowded.

2-1 People upload photos on the Internet.

2-2 People should be careful when they upload photos on the Internet. / When people upload photos on the Internet, they should be careful.

3-1 Students join club activities after school.

3-2 It is important for students to take part in [join] club activities after school. / Taking part in [Joining] club activities after school is important for students.

4-1 Some airports are open 24 hours a day.

4-2 Some airports are open 24 hours a day, so they are convenient for people. / Some airports are convenient for people because they are open 24 hours a day.

まとめ復習 P.92

1 It will be convenient if we can use copy machines at convenience stores (**for**) (**free**).

for free は「無料で」の意味です。

2 If young people (**live**) (**overseas** [**abroad**]), they will experience various things.

overseas は「海外で」の意味です。
live overseas と live abroad と live in a foreign country はどれも「海外に住む」の意味です。

3 Using smartphones is (**easy**) for some children.

easy は「簡単な」の意味です。対義語 difficult は「難しい」の意味です。

4 People should drink (**enough**) water every day.

enough は「十分な」の意味です。

5 It is difficult for people to enjoy driving when the road is (**crowded**).

crowded は「混んでいる」の意味です。

6 Students need to do their homework (**after**) (**school**).

after school は「放課後」の意味です。

ライティング模試② P.93

Do you think children should start learning English early?
子どもは早くから英語を学び始めるべきだと思いますか？

メモ例

YES	子どもは早くから英語を学ぶべき？	NO
英語を学ぶのには時間がかかる └早く練習を始めるほど英語は上達する 外国の友達を作るのは楽しい └英語ができると世界中の人とやりとりできる		母国語が優先 └母国語をマスターすることが大切 英語教育はお金がかかる └英会話スクールや教材費が高い

【YES 解答例】（合計 58 語）

I think children should start learning English early.

First, it takes a long time to learn a foreign language. The earlier they start practicing, the better their English becomes.

Second, it is fun to make foreign friends. English helps them communicate with people from all over the world.

For these reasons, I think early English education is necessary.

子どもは早くから英語を学び始めるべきだと思います。

1つ目に、外国語を学ぶには長い時間がかかります。早く練習を始めるほど、彼らの英語は上達します。

2つ目に、外国の友達を作ることは楽しいです。英語は彼らが世界中の人々とコミュニケーションを取るのに役立ちます。

これらの理由から、早期英語教育は必要だと思います。

The〈比較級①〉A ~, the〈比較級②〉B … .「〈比較級①〉A が～するほど、〈比較級②〉B は…します。」の構文を覚えておくと便利です。

【NO 解答例】（合計 60 語）

I do not think children should start learning English early.

First, it is more important to master their native languages. If they can use their native languages well, studying English will be easier.

Second, English education costs money. For instance, English conversation schools and study materials are expensive.

For these reasons, I do not think early English education is necessary.

子どもが早くから英語を学び始めるべきだとは思いません。

1つ目に、母国語をマスターする方がより大切です。母国語を上手に使えるようになれば、英語の学習もより簡単になります。

2つ目に、英語教育にはお金がかかります。例えば、英会話スクールや学習教材は高価です。

これらの理由から、早期英語教育が必要だとは思いません。

DAY 6

LESSON 1

おさえておきたい英文法・構文 時制

49

097 A ～（現在形の動詞）.

Aは～します。

Many parents work full-time these days.

最近では、 多くの親がフルタイムで働きます。

解説 【現在形】「～です」「～だと思います」など一般論や意見を述べるときは、be 動詞や一般動詞は基本的に現在形で表します。ライティングでは、一般論を述べることが多いです。実際に起こった出来事を表す「過去形」は基本的には使わないようにしましょう。

便利な表現 一般論を述べるときに便利な「現代では・最近では」
today / these days / nowadays / in recent years

098 A will ～.

Aは～するでしょう。

The government will give us free coupons.

政府は私たちに無料のクーポンをくれるでしょう。

解説 【未来形】未来の予測について述べるときは、will ～や be going to ～を使います。どちらも「～するつもりだ」の意味です。ニュアンスの違いとしては、will は一般的な未来の出来事、be going to は近い将来の予定を表現する場合が多いです。英検では 1 つの意見として未来の予測について話すことが多いので、迷ったら will を使いましょう。

便利な表現
It **will** be easy / difficult for A to ～.「～することは A にとって簡単に / 難しくなるでしょう。」
It **will** be a good experience for A to ～.「～することは A にとって良い経験になるでしょう。」
A **will** get better / worse.「A はより良く / より悪くなるでしょう。」
This **will** help A ～.「これは A が～するのに役立つでしょう。」

099 A will ～ when B ...（現在形の動詞）.

Bが…するとき、Aは～するでしょう。

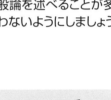

Students will find English fun when **they go** to America.

アメリカに行くとき、 学生は英語を楽しいと感じるでしょう。

解説 【未来形+現在形】「…するとき、～するでしょう」「…ならば、～するでしょう」など、時や条件を示した上で未来の予測をする場合、現在形と未来形が文中に混在します。

※ A と B が同一人物の場合は、 B は代名詞にします。 例 A → Students / B → they

便利な表現 時や条件を表すときに便利な接続詞
時：**when**「～とき」 **before**「～の前・～する前」 **after**「～の後・～する後」
as soon as「～するとすぐに」
条件：**if**「もし～すれば」 **unless**「～ではない限り」

Exercise

解答はP.112

音読でアウトプット!

左ページの例文の音声を聞いて、3回ずつ声に出して読もう。

50

英訳でアウトプット!

和文を英訳しよう。

1

1 最近では、ほとんどの人が自分のスマートフォンを持っています。

____

2 * 中学生は毎朝早く起床します。 *junior high school students

____

2

1 将来、子どもはより早く成長するでしょう。

____

2 * 小学生は英語のレッスンを受けるでしょう。

*elementary school students

____

3

1 明日テストを受けるとき、私たちは緊張するでしょう。

____

2 もしアルバイトをすれば、彼らはもっとお金を貯めるでしょう。

____

LESSON 2 おさえておきたい英文法・構文 助動詞

51

100 A can ～.
Aは～できます。

Children can learn new words quickly.
子どもは新しい単語をすぐに覚えることができます。

解説 【can できる】英検の鉄板助動詞！「将来～できるようになるでしょう」と未来の可能性について述べるときは、will be able to ～を使います。will can ～ など複数の助動詞は一緒には使えないので注意しましょう。

例 We will be able to speak English if we practice hard.
「一生懸命練習すれば私たちは英語を話せるようになるでしょう。」

便利な表現 **can** understand A「A を理解できる」 **can** become A「A になれる」
can communicate with A「A とコミュニケーションを取れる」 **can** get A「A を得られる」
can finish A「A を終えられる」 **can** feel A（A =〈形容詞〉）「A と感じられる」

101 A should ～.
Aは～すべきです。

Young people should do volunteer work.
若者はボランティアをするべきです。

解説 【should すべき】主張の文で使える便利な助動詞！ 否定は should not ～「～するべきではない」の形をとります。次の have［has］to ～はより強い必要性や義務を表す際に使います。

便利な表現 **should** work「働くべきだ」 **should** study「勉強すべきだ」 **should** think「考えるべきだ」
should stop「やめるべきだ」 **should** start「始めるべきだ」 **should** try「やってみるべきだ」

102 A have［has］to ～.
Aは～しなければなりません。

Parents have to take care of their children.
親は子どもの世話をしなければなりません。

解説 【have to しなければならない】理由や具体例の文で使える便利な助動詞！ 否定の do(es) not have to ～にすると「する必要はない」という意味になります。must も似たニュアンスですが、否定形の must not は「してはいけない」という強い禁止を表します。

便利な表現 **have to** worry about A「A について心配しなければならない」
have to think about A「A について考えなければならない」
have to pay for A「A の支払いをしなければならない」
have to choose A「A を選ばなければならない」
have to pass A「A に合格しなければならない」
have to finish A「A を終わらせなければならない」

Exercise

解答はP.112

音読でアウトプット!

左ページの例文の音声を聞いて、3回ずつ声に出して読もう。

52

英訳でアウトプット!

和文を英訳しよう。

1

1 私たちは * 異文化を理解できます。 *different cultures

____

2 外国人は日本の * アニメにワクワクすることができます。 *anime

____

2

1 子どもはもっと自由な時間を持つべきです。

____

2 私たちはテレビを見ることをやめるべきです。

____

3

1 若者は将来の * キャリアについて考えなければなりません。 *careers

____

2 学生は美術館 * の支払いをする必要はありません。 *pay for

____

DAY 6

LESSON 3

おさえておきたい英文法・構文 不定詞

53

103 A like(s) to ～(動詞の原形).

Aは～することが好きです。

Some people like **to watch** videos online.

インターネットで動画を見ることが好きな人もいます。

解説 【名詞的用法】「～すること」と言いたいとき、〈to +動詞の原形〉の形をとります。

便利な表現 need **to** ～「～する必要がある」　hate **to** ～「～することが嫌い」
want **to** ～「～したい」　hope **to** ～「～したいと望む」　decide **to** ～「～すると決める」
plan **to** ～「～することを計画する」

104 A have [has] B to ～(動詞の原形).

Aには～するべきBがあります。

Students have many **subjects to study**.

学生には勉強するべき教科がたくさんあります。

解説 【形容詞的用法】「～するべき」「～するための」と言いたいとき、名詞の後ろに〈to +動詞の原形〉の形を持ってきます。

便利な表現 things - things **to** do「やるべきこと」　time - time **to** sleep「寝る時間」
problems - problems **to** solve「解決するべき問題」　money - money **to** spend「使うお金」

※ There is [are] B for A to ～(動詞の原形). という表現でも OK。
例 Students have many subjects to study.
→ There are many subjects for students to study.

105 A is [are] too 〈形容詞〉 to ～(動詞の原形).

Aは〈形容詞〉すぎて～できません。

Young people are **too busy to spend** time with their families.

若者は忙しすぎて家族との時間を過ごせません。

解説 【副詞的用法】「～するには(程度)」と言いたいときに便利な to 不定詞の定型表現です。A is [are] の部分を I am に置き換えることもできますが、一般論を述べることが多いライティングでは、I am から始まる文は好まれません。
「～するために(目的)」の to 不定詞も便利です。

例 Junior high school students have to get up early to join club activities.
「中学生は部活に参加するために早起きしなければなりません。」

便利な表現 **too** tired **to** ～「疲れすぎて～できない」　**too** dangerous **to** ～「危険すぎて～できない」
too expensive **to** ～「高価すぎて～できない」　**too** small **to** ～「小さすぎて～できない」

Exercise

解答はP.112

音読でアウトプット！

左ページの例文の音声を聞いて、3回ずつ声に出して読もう。

54

英訳でアウトプット！

和文を英訳しよう。

1

1 ＊世界中を旅したい人もいます。 *around the world

____

2 親は子どもに＊良い教育を与えることを望みます。 *a good education

____

2

1 私たちには毎日たくさんやるべきことがあります。

____

2 先生には解決するべき問題がたくさんあります。

____

3

1 多くの学生は放課後疲れすぎて勉強できません。

____

2 スマートフォンは高すぎて買えません。

____

LESSON 4 おさえておきたい英文法・構文 動名詞

55

106 ~ing is 〈形容詞〉 for ...ing.

～することは…するために〈形容詞〉です。

Going on trips is important for learning about different cultures.

旅行に行くことは異文化を学ぶために大切です。

解説 【主語として使う】「～することは」と言いたいとき、～ing を文頭に置きます。～ing の後は一般動詞でも良いです。

便利な表現 important「大切な」 good「良い」 bad「悪い」
necessary「必要な」 essential「必要不可欠な」 effective「効果的な」

107 A ... ~ing because B.

B なので、A は～することを…します。

Many people stop **smoking** because it is bad for their health.

健康に悪いので、 多くの人はタバコを吸うことをやめます。

解説 【目的語として使う】「～することを」と言いたいとき、一般動詞に ing をつけます。不定詞だと意味がガラっと変わるセットもあるので注意しましょう。
① stop ~ing「～するのをやめる」≠ stop to ～「～するために止まる」
② try ~ing「～してみる」≠ try to ～「～しようとする」

便利な表現 start ~**ing**「～し始める」 try ~**ing**「～してみる」 enjoy ~**ing**「～するのを楽しむ」
practice ~**ing**「～の練習をする」 worry about ~**ing**「～することについて心配する」

108 A can ... by ~ing.

A は～することによって…できます。

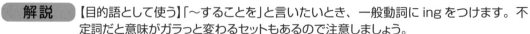

We can share information **by using** social media.

私たちは SNS を使うことで情報を共有することができます。

解説 【前置詞の後につける】「～することによって」と言いたいとき、by の後に～ing を置きます。By ~ing, A can ... . の順番でも良いです。その場合は、By ~ing の後にカンマ(,)をつけましょう。

便利な表現 learn about history **by reading** books「本を読むことで歴史について学ぶ」
save money **by staying** home「家にいることでお金を貯める」
pass the test **by studying** hard「一生懸命勉強することでテストに合格する」

Exercise

解答はP.113

音読でアウトプット!

左ページの例文の音声を聞いて、3回ずつ声に出して読もう。

56

英訳でアウトプット!

和文を英訳しよう。

1

1 リサイクルすることは * 環境を守るために必要です。 *the environment

2 辞書を使うことは新しい単語を学ぶために効果的です。

2

1 環境に良いので、多くの人が * エコバッグを * 持ち始めます。
*reusable bags *carry

2 暑いので、多くの人が病気になることを心配します。

3

1 私たちは海外に行くことでたくさんの人と出会うことができます。

2 学生はクラブ活動に参加することで友達を作ることができます。

LESSON 5 おさえておきたい英文法・構文 比較

57

109 It is 〈比較級〉 for A to ～(than to ...).

Aにとって～することは(…するより)〈比較級〉です。

It is **easier** for **people** to shop online than to shop in stores.
人々にとってインターネットで買い物をすることは店舗で買い物をするより簡単です。

解説 【2つを比べる比較級】英検では「AとBのどちらがより良いと思いますか?」といった比較系のトピックが多く出題されます。

便利な表現 easy「簡単な」- **easier**「より簡単な」 difficult「難しい」- **more difficult**「より難しい」
good「良い」- **better**「より良い」 important「大切な」- **more important**「より大切な」
necessary「必要な」- **more necessary**「より必要な」
convenient「便利な」- **more convenient**「より便利な」
※ more は長めの単語につくことが多いです。

110 A will be 〈比較級〉 if B ～.

Bが～するとAは〈比較級〉になるでしょう。

We will be **healthier** if **we** eat three meals a day.
1日3食食べると私たちはより健康になるでしょう。

解説 【if節を使う比較級の文】「もしこうだったら、もっとこうなるだろう」と言いたいときに使えます。be〈比較級〉and〈比較級〉「ますます〈比較級〉になる」も似た意味です。
例 It will be hotter and hotter.「ますます暑くなります。」

便利な表現 healthy「健康な」- **healthier**「より健康な」 wise「賢い」- **wiser**「より賢い」
happy「幸せな」- **happier**「より幸せな」 capable「有能な」- **more capable**「より有能な」
interested「興味をもった」- **more interested**「より興味をもった」
relaxed「リラックスした」- **more relaxed**「よりリラックスした」

111 〈“より多い・より少ない”を表す比較級〉 A will ～.

〈“より多い・より少ない”を表す比較級〉のAが～するでしょう。

More people will read books on tablet devices in the future.
将来、より多くの人がタブレット端末で本を読むでしょう。

解説 【数量や量を表す比較級】「～する人が増える・減る」なども鉄板です。〈比較級〉and〈比較級〉A will ～.「ますます〈比較級〉のAが～するでしょう。」も似た意味です。
例 Fewer and fewer people will pay in cash.「現金で支払う人はますます減るでしょう。」

便利な表現

可算(数えられる)		不可算(数えられない)	
few 少ない ↔	many 多い	much 多い ↔	little 少ない
fewer より少ない	**more** より多い(可算・不可算どちらもOK)		**less** より少ない

Exercise

解答はP.113

音読でアウトプット!

左ページの例文の音声を聞いて、3回ずつ声に出して読もう。

58

英訳でアウトプット!

和文を英訳しよう。

1

1 学生にとって海外に行くことはお金を貯めるより重要です。

2 高齢者にとってパソコンを使うことは * 電話するより難しいです。

*make phone calls

2

1 十分な自由時間があると私たちはより幸せになるでしょう。

2 本を毎日読むと子どもはより賢くなるでしょう。

3

1 将来、より多くの人がロボットを買うでしょう。

2 将来、田舎に住む人は少なくなるでしょう。

DAY 6

LESSON 6

おさえておきたい英文法・構文 関係詞

59

112 There are some A who ～.

～するAもいます。

There are some **people** who take care of pets outside their homes.

家の外でペットの世話をする人もいます。

解説 【who】「～する人」は〈人 + who + 動詞〉の形をとります。

便利な表現
A **who** do(es) volunteer work「ボランティアをする A」
A **who** exercise(s) regularly「ふだんから運動する A」
A **who** feel(s) stressed「ストレスを感じる A」
A **who** study[studies] hard「一生懸命勉強する A」
A **who** teach(es) English「英語を教える A」
A **who** read(s) books「本を読む A」

113 A ～ what B ….

Aは Bが…すること・ものを～します。

Adults can study what **they** are interested in.

大人は自分が興味があることを勉強することができます。

解説 【what】「～すること・もの」は〈what + 主語 + 動詞〉の形をとります。

便利な表現
do **what** B want(s)「B がやりたいことをする」
give **what** B like(s)「B が好きなものをあげる」
buy **what** B need(s)「B が必要なものを買う」
understand **what** B say(s)「B が言うことを理解する」
show **what** B have[has]「B が持っているものを見せる」

114 A ～〈名詞〉that B ….

Aは B が…する〈名詞〉を～します。

People learn about cultures that **they** do not know.

人々は自分の知らない文化について学びます。

解説 【that】〈名詞+ that +主語 + 動詞〉の形で、名詞について詳しく説明します。
that は省略可能です。

例 Students should study subjects that they choose.
→ Students should study subjects they choose.
「学生は自分で選ぶ教科を勉強すべきです。」

便利な表現
a sport **that** B enjoy(s)「B が楽しむスポーツ」 a book **that** B read(s)「B が読む本」
a speech **that** B make(s)「B がするスピーチ」
a subject **that** B choose(s)「B が選ぶ教科」 money **that** B earn(s)「B が稼ぐお金」
※〈名詞+ that + be 動詞+過去分詞〉の形も便利！ that + be 動詞は省略可能。
例 things that are made in A「A で作られたもの・A 産のもの」

Exercise

解答はP.114

音読でアウトプット!

左ページの例文の音声を聞いて、3回ずつ声に出して読もう。

60

英訳でアウトプット!

和文を英訳しよう。

1

1 週末にボランティアをする人もいます。※ who を使うこと。

2 仕事でストレスを感じる人もいます。※ who を使うこと。

2

1 子どもは自分がやりたいことをします。

2 学生は先生が言うことを理解する必要があります。

3

1 私たちは自分が稼ぐお金を * 消費するべきです。*spend

2 人々は中国で作られたものをたくさん持っています。

まとめ復習

解答はP.114

以下の空欄に適切な単語を入れよう。

1 お金を十分に貯めたとき、若者は旅行に行くでしょう。

Young people (　　　　　) travel (　　　　　) they save enough money.

2 多くの子どもは簡単に新しい言語を学ぶことができます。

Many children (　　　　　)(　　　　　) new languages easily.

3 人々は忙しすぎて友達と過ごす時間がありません。

People are (　　　　　) busy (　　　　　) spend time with their friends.

4 私たちはふだんから運動することで健康でいることができます。

We can stay healthy (　　　　　)(　　　　　) regularly.

5 将来、テレビを見ることに興味がある人は減るでしょう。

(　　　　　)(　　　　　) will be interested in watching TV in the future.

6 親は、彼らの子どもが話すことに耳を傾けるべきです。

Parents should listen to (　　　　　) their children talk about.

ライティング模試③

解答はP.115

本番を意識して答えましょう。※目安時間 20 分

- あなたは、外国人の知り合いから以下の QUESTION をされました。
- QUESTION について、あなたの意見とその理由を2つ英文で書きなさい。
- 語数の目安は 50 語～ 60 語です。
- 解答は、下の解答欄に書きなさい。なお、解答欄の外に書かれたものは採点されません。
- 解答が QUESTION に対応していないと判断された場合は、0点と採点されることがあります。QUESTION をよく読んでから答えてください。

QUESTION

Which do you think is better for children, playing inside or outside?

解答欄

解答・解説

Exercise P.99

1-1 These days, most people have their own smartphones. / Most people have their own smartphones these days.

1-2 Junior high school students get up early every morning.

2-1 Children will grow up more quickly in the future.

2-2 Elementary school students will take English lessons.

3-1 We will be nervous when we take the test tomorrow. / When we take the test tomorrow, we will be nervous.

when などの接続詞が文中に来る場合は不要ですが、文頭に来る場合はカンマ（,）を使います。

3-2 They will save more money if they work part-time. / If they work part-time, they will save more money.

Exercise P.101

1-1 We can understand different cultures.

1-2 Foreigners [Foreign people] can feel [be] excited about Japanese anime.

foreigners と foreign people はどちらも「外国人」の意味です。
feel excited about A と be excited about A はどちらも「A にワクワクする」の意味です。

2-1 Children should have more free time.

2-2 We should stop watching TV.

3-1 Young people have to think about their future careers.

3-2 Students do not have to pay for the museum.

museum は「美術館」と「博物館」どちらの意味としても使えます。

Exercise P.103

1-1 Some people want to travel around the world.

1-2 Parents hope [want] to give their children a good education. / Parents hope [want] to provide their children with a good education.

hope to ～と want to ～はどちらも「～することを望む」の意味です。
give A B と provide A with B はどちらも「A に B を与える」の意味です。

2-1 We have many [a lot of] things to do every day.

many と a lot of は「多くの」の意味です。many は可算名詞にしか使えませんが、a lot of は可算名詞・不可算名詞のどちらにも使えます。

2-2 Teachers have many [a lot of] problems to solve.

3-1 Many [A lot of] students are too tired to study after school.

3-2 It is too expensive to buy smartphones. / Smartphones are too expensive to buy.

It is too expensive to buy A. と A is [are] too expensive to buy. はどちらも「A は高すぎて買えません。」の意味です。

Exercise P.105

1-1 Recycling is necessary for protecting [saving] the environment. / Recycling is necessary to protect [save] the environment.

この場合の environment「環境」には the がつきます。自然・地球などに関連する広い意味での「環境」であり、普遍的な概念だからです。一方「家庭の環境・勉強する環境」など具体的な意味で使う場合には the がつかないこともあります。
protect A と save A はどちらも「A を守る」の意味です。

1-2 Using a dictionary is effective for learning [to learn] new words.

2-1 Many [A lot of] people start carrying reusable bags because they are good for the environment.

2-2 It is hot, so many [a lot of] people worry about getting sick [becoming ill]. / Many [A lot of] people worry about getting sick [becoming ill] because it is hot.

〈原因〉, so〈結果〉. と〈結果〉because〈原因〉. の文はどちらも「〈原因〉なので、〈結果〉です。」の意味です。so の前には必要ですが、because の前のカンマ（,）は不要です。〈原因〉と〈結果〉の位置を逆にしないように注意しましょう。
get sick と become ill はどちらも「病気になる」の意味です。

3-1 We can meet many [a lot of] people by going abroad [going overseas / going to foreign countries].

go abroad と go overseas と go to foreign countries はどれも「海外に行く」の意味です。

3-2 Students can make friends by taking part in [joining] club activities.

Exercise P.107

1-1 It is more important for students to go abroad than to save money. / Going abroad is more important for students than saving money.

It is more important for A to ～ (than to ...). と ～ing is more important for A (than ...ing). はどちらも「A にとって～することは（…するより）大切です。」の意味です。

1-2 It is more difficult for elderly people [seniors] to use computers than to make phone calls. / Using computers is more difficult for elderly people [seniors] than making phone calls.

elderly people と seniors はどちらも「高齢者・お年寄り」の意味です。

2-1 We will be happier if we have enough free time. / If we have enough free time, we will be happier.

2-2 Children will be wiser if they read books every day. / If children read books every day, they will be wiser.

3-1 More people will buy robots in the future. / In the future, more people will buy robots.

in the future が文末に来る場合は不要ですが、文頭に来る場合はカンマ（,）を使います。

3-2 Fewer people will live in rural areas in the future. / In the future, fewer people will live in rural areas.

解答・解説

Exercise P.109

1-1 There are some people who do volunteer work on weekends.

関係代名詞 who を使わずに表すこともできます。

例 Some people do volunteer work on weekends.

1-2 There are some people who feel stressed at work.

feel stressed は「ストレスを感じる」の意味です。
関係代名詞 who を使わずに表すこともできます。

例 Some people feel stressed at work.

2-1 Children do what they want to do. / Children do what they want.

2-2 Students need to understand what teachers say. / It is necessary for students to understand what teachers say.

A need(s) to ~. と It is necessary for A to ~. はどちらも「A は～する必要があります。」の意味です。

3-1 We should spend the money that we earn.

that は省略可能です。

3-2 People have many [a lot of] things that are made in China.

that are は省略可能です。

まとめ復習 P.110

1 Young people (**will**) travel (**when**) they save enough money.

will は「将来こうなるだろう」という未来の予測について述べるときに使います。when は「～するとき」の意味です。when のすぐ後には主語＋動詞、もしくは動詞の ~ing 形が来ることが多いです。

例 ○ when people travel overseas「人々が海外旅行をするとき」/ ○ when traveling overseas「海外旅行をするとき」

2 Many children (**can**) (**learn**) new languages easily.

can learn は「学ぶことができる」の意味です。can の後は動詞の原形です。

3 People are (**too**) busy (**to**) spend time with their friends.

A is[are] too 〈形容詞〉 to ～ (動詞の原形). は「A は〈形容詞〉すぎて～できません。」の意味です。

4 We can stay healthy (**by**) (**exercising**) regularly.

by exercising は「運動することによって」の意味です。「～することによって」と表す場合、by の後は動詞に ing をつけた動名詞です。

5 (**Fewer**) (**people**) will be interested in watching TV in the future.

Fewer people will ～. は「～する人が減るでしょう。」の意味です。fewer は人など可算名詞の数量を表すときに使える比較級です。
不可算名詞の場合、less を使います。more「より多い・～が増える」は可算名詞・不可算名詞のどちらにも使えます。

6 Parents should listen to (**what**) their children talk about.

what their children talk about は「彼らの子どもが話すこと」の意味です。what「～すること・もの」は〈what ＋ 主語 ＋ 動詞〉の形をとります。

ライティング模試③

P.111

Which do you think is better for children, playing inside or outside?

子どもにとって屋内で遊ぶことと外で遊ぶことは、どちらが良いと思いますか？

メモ例

inside　子どもは屋内で遊ぶ・外で遊ぶ　どちらが良い？　outside

inside	outside
安全 └外には車など危険なものがたくさんある	運動をすることは大切 └小さな頃から体を動かすことで健康になる
教育的な遊びができる └ブロック遊び・工作→創造的で賢くなる	コミュニケーション力が上がる └公園で遊ぶ→友達を作れる

【inside 派 解答例】（合計 58 語）

I think playing inside is better for children.

First, it is safe to play inside. For example, parents do not need to worry about car accidents if their children play inside.

Second, they can enjoy educational activities. Playing with blocks and making crafts help them become creative and wise.

For these reasons, I think children should play inside.

子どもは屋内で遊ぶ方が良いと思います。

１つ目に、屋内での遊びは安全です。例えば、子どもが屋内で遊ぶ場合、両親は車の事故の心配をする必要がありません。

２つ目に、子どもは教育的な活動を楽しむことができます。ブロックで遊んだり、工作をしたりすることで、創造的で賢くなります。

これらの理由から、子どもは屋内で遊ぶべきだと思います。

【outside 派 解答例】（合計 54 語）

I think playing outside is better for children.

First, it is important for children to exercise. They can become strong and healthy by moving their bodies outside.

Second, their communication skills get better. For instance, they can make friends by playing together at the park.

For these reasons, I think children should play outside.

子どもは外で遊ぶ方が良いと思います。

１つ目に、子どもが運動することは大切です。彼らは外で体を動かすことで強くて健康になることができます。

２つ目に、コミュニケーション能力が向上します。例えば、公園で一緒に遊ぶことで友達を作ることができます。

これらの理由から、子どもは外で遊ぶべきだと思います。

DAY 7

英検準2級のスピーキング&スピーキング対策

LESSON 1 スピーキングの特徴

従来型面接とS-CBTスピーキングの違い

英検の受験形式には、**従来型**の形式と **S-CBT 形式**（コンピューター形式）の２パターンがあります。特にスピーキング試験は従来型と S-CBT で大きく異なります。

	従来型面接	S-CBTスピーキング
試験方式	面接官と対面で話す	マイクで音声を吹き込む
実施のタイミング	一次試験(L、R、W)通過後に別日で二次試験として実施	4技能を同日に実施 (**S**→L→R→Wの順番)
受験可能回数	同一検定期間中に1回 (4〜7月、8〜11月、12〜3月) ※従来型とS-CBTを合わせると同じ検定期間内に3回受験可能。	同一検定期間中に**2回** (4〜7月、8〜11月、12〜3月)
一次試験免除制度	一次試験通過後、二次試験を棄権・または不合格になった場合、翌年度の同回まで面接のみ受験可能	翌年度の同回まで再度スピーキングのみ受験可能

S-CBTスピーキングならではの特徴

残り時間が表示される

従来型の面接では制限時間については面接官から指示される・または特に何も言われないかのどちらかです。一方、S-CBT では画面上に常に残り時間が表示されます。時間を意識しながら、話すスピードや内容を調整できるのは S-CBT のメリットの１つです。

「もう一度聞いてやりなおす」ボタンがある

聞き取れなかった場合、従来型では Could you say that again? など直接面接官に聞き直す必要があります。一方、S-CBT では「もう一度聞いてやりなおす」ボタンを押すだけでOK。ただし聞き直しすぎると、減点される可能性があるので注意しましょう。

▶ 裏技：考える時間が足りないときは、ボタンを押すことで再度同じ質問が再生されるのでその間少し考える時間が稼げます。

同時間に別技能を受験している人がいる

従来型の面接は、受験者が一人ずつ順番に専用の部屋に入り実施します。一方、S-CBT は同時間に同じ空間で各自のテストを進めます。自分がスピーキングするときに周りがシーンと静かだったり、同時にスピーキングしている別の受験者の声が聞こえてくる場合もあります。**周りの声や環境を気にせず自分の問題に集中することが大切。**

LESSON 2 試験の流れ

従来型面接、S-CBT スピーキング両方の流れを確認しておきましょう。
4 技能を同日に受験する S-CBT ではスピーキングが最初に実施されます。

従来型面接

入室する

面接カードを渡し、着席する

ウォームアップ（日常会話の質問に回答する）

問題カードを受け取り、パッセージを黙読・音読する

No.1 ～ 5 の質問に回答する

問題カードを返却し、退室する

S-CBTスピーキング

着席する

ヘッドセットをつける

PC にログインし、音量やマイクのテストをする

ウォームアップ（日常会話の質問に回答する）

問題カードのパッセージを黙読・音読する

No.1 ～ 5 の質問に回答する

▶ この後リスニングテストが開始されます。
※一次試験免除制度利用の場合はスピーキングテストが終了したら退室します。

DAY 7

パッセージ音読

はじめに問題カードの英文（パッセージ）を20秒間黙読した後、音読します。黙読中は次の音読に備えて英文の内容や単語の発音などを確認しておきましょう。

ポイント

✓ 意味のあるかたまりで区切って読む

棒読みではなく、メリハリをつけてハキハキ丁寧に読みましょう。区切りにスラッシュをつけてみましょう。

下記のパッセージ1：
More and more people / are trying / to reduce garbage.

✓ No.1で聞かれることを予測しながら読む

文字を追うことに必死になりすぎず、No. 1の解答のヒントになるキーワードを探すイメージで読みましょう。

※キーワードは次ページで紹介する by doing so / in this way / so / as a result など

61

パッセージ1（質問タイプhow型）

Reducing Waste

More and more people are trying to reduce garbage. To reduce garbage, they can recycle things. Some people choose to buy products that do not have too much packaging, and by doing so they can help the environment. It is important that everyone work together to make less garbage.

パッセージ2（質問タイプwhy型）

Smartphones

Smartphones have become an important part of daily life for many people. They can be used for communication, entertainment, and work. However, some people use smartphones too much, so they get tired easily. It is important to take some breaks from smartphones and get enough sleep.

No.1（パッセージ問題）

パッセージに書かれている内容について問題が出題されます。

ポイント

✓ how で聞かれたら By ～ing で答える

✓ why で聞かれたら Because で答える

質問に対する解答方法は、下記の2つの型をおさえておけば怖いものなしです。

質問タイプ	解答パターン	正しい解答の導き方
how型	By ~ing	文中の by doing so または in this way を探し、その前の部分の動詞表現を By ～ ing に変えて読む
why型	Because	文中の接続詞 so または as a result を探し、その前の部分の表現を Because を文頭に置いて読む（主語は代名詞に変える）

62

how型の質問&解答手順（左ページのパッセージ1）

質問 No. 1 According to the passage, **how** can people help the environment?
文章によると、人々はどのように環境を助けることができるでしょうか？

how で聞かれているので、**By ～ing** の型で答える問題です。

1 文中の **by doing so（そうすることで）** または **in this way（このように）** を探す

2 so を具体的に説明する文＝ **by doing so** の前にある文を By ～ing の型にする

動詞 choose を ing 形（choosing）に変えて、文頭に By をつけてそのまま読みます。

Reducing Waste

More and more people are trying to reduce garbage. To reduce garbage, they can recycle things. Some people choose to buy products that do not have too much packaging, and **by doing so** they can help the environment. It is important that everyone work together to make less garbage.

2 soを具体的に説明するのはchoose = By choosing

1 by doing so（そうすることで）を発見！

ゴミの削減

ますます多くの人がゴミを減らそうとしています。ゴミを減らすために、彼らは物をリサイクルすることができます。一部の人は包装が多すぎない製品を買うことを選び、そうすることで環境に貢献することができます。皆が協力してゴミを少なくすることが大切です。

解答 **By choosing to buy products that do not have too much packaging.**
包装が多すぎない製品を買うことを選ぶことによって。

63

why型の質問&解答手順（P.118のパッセージ2）

（P.118のパッセージ2）

質問 No. 1 According to the passage, **why** do people get tired easily?
文章によると、なぜ人々は疲れやすいのでしょうか？

why で聞かれているので、**Because** の型で答える問題です。

1 文中の **so（なので）** または **as a result（結果として）** を探す

2 so の後の結果の要因となる文＝ **so** の前にある文を Because の型にする

主語 some people を代名詞 they に変えて、文頭に Because をつけて読みます。

Smartphones

Smartphones have become an important part of daily life for many people. They can be used for communication, entertainment, and work.

2 主語some peopleをtheyに変える=Because they

However, some people use smartphones too much, **so** they get tired

1 so（なので）を発見!

easily. It is important to take some breaks from smartphones and get enough sleep.

スマートフォン

スマートフォンは多くの人にとって日常生活の大切な一部となりました。それらはコミュニケーション、娯楽、仕事に使用できます。しかし、一部の人々はスマートフォンを過剰に使用するため、疲れやすくなります。スマートフォンから少し離れて休憩をとり、十分な睡眠をとることが大切です。

解答 Because **they use smartphones too much.**
スマートフォンを過剰に使用するため。

No. 2（イラストA問題）

5人もしくは5組の人物がしている行動について説明する問題です。できる限り見えている人物についての行動をすべて答えるようにしましょう。

ポイント

現在進行形を使う

「今まさにしていること」を描写する問題です。現在形・過去形・未来形ではなく現在進行形を使いましょう。

例 A is［are］~ing ... .「A は…を~しています。」（主語が単数形なら動詞は is、複数形なら are）

主語の単数形・複数形に気を付ける

1人なら A man / A woman / A boy / A girl、2人なら Two men / Two women / Two boys / Two girlsを主語にします。

※ man の複数形は mans ではなく men、woman の複数形は womans ではなく women なので注意!

知っている単語で表現する

言いたい表現が思い浮かばなくても、自分が知っている単語でなんとか答えましょう。

例 A woman is opening the window.
「女性が窓を開けています。」
→ A woman is touching the window.
「女性が窓を触っています。」など

64

No. 2. Now, please look at the people in Picture A. They are doing different things. Tell me as much as you can about what they are doing.

Picture A の人々を見てください。彼らはそれぞれ違うことをしています。彼らがしている行動について、できる限り多くの情報を教えてください。

イラスト例 A

	模範解答	別の表現に言い換えた例
	**A man is picking up a can.** 男性が缶を拾っています。	**A man is collecting cans.** 男性が缶を集めています。
	**Two girls are waving.** 2人の女の子が手を振っています。	**Two girls are saying good-bye.** 2人の女の子がお別れを言っています。
	**A woman is eating a sandwich.** 女性がサンドイッチを食べています。	**A woman is having lunch.** 女性がお昼ごはんを食べています。
	**A boy is climbing a tree.** 男の子が木に登っています。	**A boy is touching a tree.** 男の子が木を触っています。
	**A man is throwing away trash.** 男性がゴミを捨てています。	**A man is using a trash can.** 男性がゴミ箱を利用しています。

Exercise

鉄板フレーズ【動作】でアウトプット！

65

No. 2のイラストA問題で使えるフレーズをおさえておきましょう。

collect garbage
ゴミ**を集める**

plant flowers
花**を植える**

water plants
植物に**水をやる**

lift a box
箱**を持ち上げる**

count money
お金**を数える**

draw a picture
絵**を描く**

talk on the phone
電話で**話す**

push a cart
カート**を押す**

pull a cart
カート**を引く**

use a computer
パソコン**を使う**

use a copy machine
コピー機**を使う**

take a note
メモ**を取る**

take a walk
散歩**をする**

walk a dog
犬の散歩をする

wash dishes
お皿**を洗う**

使い方

- 音声を聞く（フレーズと文が流れます）
- フレーズを音読する
- 文字を隠してイラストを見てフレーズを答えてみる
- 文字を隠してイラストを見て現在進行形の文を作ってみる

例 collect garbage
→ A woman is collecting garbage.

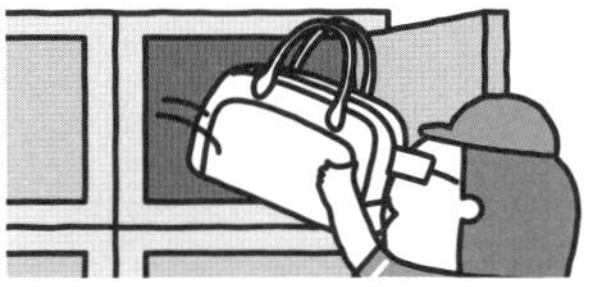

take a bag **out** of a locker
ロッカーからバッグ**を取り出す**

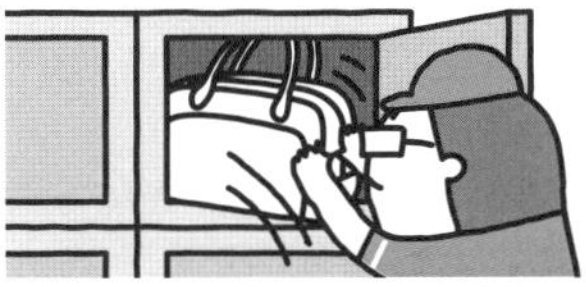

put a bag **in** a locker
ロッカーにバッグ**を入れる**

put a cup **on** the table
カップをテーブル**に置く**

put on a hat
帽子**をかぶる**

feed rabbits
うさぎ**にエサをあげる**

fix a machine
機械**を直す**

play the violin
バイオリン**を弾く**

enter a room
部屋**に入る**

leave a room
部屋**から出る**

get on the bus
バス**に乗る**

get off the bus
バス**を降りる**

carry a box
箱**を運ぶ**

pour coffee
コーヒー**を注ぐ**

paint a wall
壁**を塗る**

clean the floor
床**を掃除する**

No. 3（イラストB問題）

出てくる人物の状況について 2 つの事柄をつなげて説明する問題です。

ポイント

✔ because / so / but などの接続詞で 2 つの状況を説明する

下記の 3 つのステップ順に進めます。

1 **現在の状況**を説明する文を作る（1文目）

2 **吹き出し**を説明する文を作る（2文目）

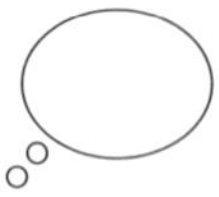

3 2つの文を**接続詞**でつなげる

吹き出しパターン

吹き出し	内容	鉄板フレーズ
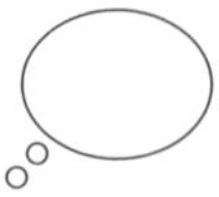	しようとしていること・したいこと	He / She wants to ～.
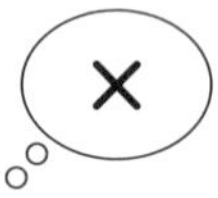	したくてもできないこと・しないこと	He / She can't ～.
	したこと・したいこと	He / She 〈過去形〉. He / She wants to ～.

使える接続詞と解答パターン

前後の文の関係性	接続詞	正しい解答の導き方
結果←原因 原因→結果	because so	結果と原因を示す 2 文を because または so でつなげる ［結果］because［原因］ または ［原因］so［結果］
逆接	but	逆の意味になる 2 文を but でつなげる
並列	and	同じ要素を持つ 2 文を and でつなげる

下記のサンプル問題を使って、3つのステップで解答を作ってみましょう。

66

No. 3. Now, look at the boy in Picture B. Please describe the situation.

Picture B の男の子を見てください。状況を説明してください。

イラスト例 B-1

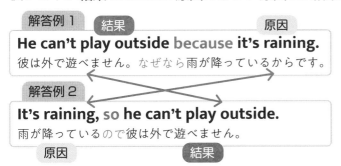

解答手順

1. **現在の状況**を説明する文を作る

今何が起こっているのかに着目しましょう。「今雨が降っている」状況です。

雨が降っています。 **It's raining.**

2. **吹き出し**を説明する文を作る

考え中の吹き出しの上に×マークがある場合は大抵**その人物がしたくてもできないこと・しないこと**を描写しています。ここでは「男の子が外で遊べない」状況です。

彼は外で遊べません。 **He can't play outside.**

3. 2つの文を**接続詞**でつなげる

彼が外で遊べないという**結果**は、雨が降っているという**原因**によるもの。

結果と原因を説明する2つの文をつなげるときは、接続詞 because または so を使います。**結果** because **原因**の形か、**原因** so **結果**の形で解答しましょう。

解答例 1　結果　原因

He can't play outside because it's raining.

彼は外で遊べません。なぜなら雨が降っているからです。

解答例 2

It's raining, so he can't play outside.

雨が降っているので彼は外で遊べません。

原因　結果

because と so を逆で使うと、文の意味が変わってしまうので注意!

DAY 7

別のパターンも見てみましょう。下記のイラストには2人の人物が登場します。

67

No. 3. Now, look at the man and woman in Picture B. Please describe the situation.

Picture B の男性と女性を見てください。状況を説明してください。

イラスト例 B-2

解答手順

1. **現在の状況**を説明する文を作る

今何が起こっているのかに着目しましょう。「男性がサンドイッチを持ってきた」状況です。

彼はサンドイッチを持ってきました。 **He brought sandwiches.**

2. **吹き出し**を説明する文を作る

吹き出しのマークは大抵**その人物がしたこと・したいこと**を描写しています。ここでは「女性がドーナツを注文した」状況です。

彼女はドーナツを注文しました。 **She ordered a doughnut.**

3. 2つの文を**接続詞**でつなげる

彼女がドーナツを注文したという状況と、彼がサンドイッチを持ってきたという状況は相反するもの。

前後が逆接の関係にある2つの文をつなげるときは、接続詞 **but** を使います。

解答例

She ordered a doughnut, but he brought sandwiches.

彼女はドーナツを注文しましたが彼はサンドイッチを持ってきました。

No.4・No.5（意見問題）

No. 4 と No. 5 は問題カードのパッセージやイラストに関連した意見を問う問題です。Day2 ~ 6 で学んだことを活かして、質問に対する主張と理由を述べましょう。

ポイント

- Yes か No で答える
- 具体例や理由を 2 文で答える

まず No. 4 のサンプル問題を見ていきましょう。

68

No. 4. Do you think it is good for people to live with pets?
人々がペットと暮らすのは良いことだと思いますか？

構成と手順

YES	NO
1. YesかNoで答える	
Yes.「はい。」	**No.「いいえ。」**
2. 理由1つ目を述べる	
Pets can make people happy. ペットは人々を幸せにしてくれます。	Many people are too busy to take care of pets. 多くの人は忙しすぎてペットの世話ができません。
3. 理由1つ目の具体例または理由2つ目を述べる	
When pets are around, people don't feel lonely. ペットが一緒にいれば、人々は寂しい思いをしません。	Also, it costs a lot of money to keep pets. また、ペットを飼うのにはお金がたくさんかかります。
模範解答	
Yes. Pets can make people happy. When pets are around, people don't feel lonely.	**No. Many people are too busy to take care of pets. Also, it costs a lot of money to keep pets.**

別の理由を 2 つ述べる場合は、Also, でつなぎましょう。

次に No. 5 のサンプル問題を見ていきましょう。

69

No. 5. Many people enjoy listening to music. Do you often listen to music?

多くの人は音楽を聞くことを楽しみます。あなたはよく音楽を聞きますか？

構成と手順

YES	NO
1. YesかNoで答える	
Yes.「はい。」	**No.「いいえ。」**
2. 理由や説明を述べる	
I often listen to music when I study or read books. 私は勉強や読書をするときによく音楽を聞きます。	I don't really like listening to music. 音楽を聞くのはあまり好きではありません。
3. 理由1つ目の具体例または理由2つ目を述べる	
Japanese pop music makes me feel relaxed and happy. 日本のポップ音楽は私をリラックスさせ、幸せな気持ちにさせてくれます。	Listening to podcasts is more interesting and fun for me. ポッドキャストを聞く方が私にとってはよりおもしろくて楽しいです。
模範解答	
Yes. I often listen to music when I study or read books. Japanese pop music makes me feel relaxed and happy.	**No. I don't really like listening to music. Listening to podcasts is more interesting and fun for me.**

鉄板フレーズ【意見】

意見を述べる際に使える定型表現を覚えておきましょう。

It is〈形容詞〉(for A) to ～.	～することは（A にとって）〈形容詞〉です。
～ing is〈形容詞〉(for A).	
A need(s) to ～.	A は～する必要があります。
I like to ～. / I want to ～.	私は～することが好きです。/ 私は～したいです。

スピーキングおためし模試

解答はP.133

意見を問う質問の音声を聞いて、口頭で答えてみよう。
(目安時間5分)

※いきなり口頭で答えるのが難しい場合は、まず解答欄に答えを書いてみてからでもOK！

1

1 音声(70)を聞いて、あなたの意見を答えなさい。 70

解答

2 音声(71)を聞いて、あなたの意見を答えなさい。 71

解答

2

1 音声(72)を聞いて、あなたの意見を答えなさい。 72

解答

2 音声(73)を聞いて、あなたの意見を答えなさい。 73

解答

LESSON 4 アティチュードのポイント

英検準2級スピーキングの採点項目にはアティチュード（積極的にコミュニケーションを図ろうとする姿勢）も含まれています。アティチュードは3点満点で、基本的に減点方式で採点されます。下記の**アティチュードで減点対象になりえるポイントと対策**をチェックしておきましょう。

減点対象になりえるポイント	対策
声が小さい・聞き取りにくい	**十分な声量でハキハキ話す** 従来型：面接官に聞こえるように S-CBT：きちんと録音されるように
表情が暗い	**笑顔・明るい表情で話す**
面接官と目を合わせない	**面接官の目を見て話す・聞く（アイコンタクト）**
挨拶を返さない・質問に答えない	**声かけには必ず応答する**
回答までの沈黙が長い	**わからないときは聞き返す** **適度に英語であいづちを打つ**

S-CBTは録音方式のため、表情などで視覚的にアピールすることはできません。**明るい声のトーンや話し方**を意識するようにしましょう。

鉄板フレーズ【聞き返したいとき・考えたいとき（あいづち）】

質問が聞き取れない・理解できないときは聞き返しましょう。考える時間がほしいときは無言になるのではなく、あいづちを打ちましょう。

74

聞き返したいとき	考えたいとき（あいづち）
もう一度言っていただけますか？ Excuse me? Could you say that again? Could you repeat that, please? I beg your pardon.	そうですね…（考え中） Well ... Let me see ... Let's see ... Let me think ...

→聞き返しは**原則2回まで**にしましょう。ただし、質問をされて数秒経ってから聞き返すなど、不自然な聞き返しは1回でも減点になる可能性があります。
S-CBTはボタンで聞き返せます。

→ついやってしまいがちなのが日本語で「えーと」や「んー」などと言ってしまうこと。日頃から英語であいづちを打つ習慣をつけておきましょう。

スピーキング模試①

解答はP.133

音声を聞きながら、本番と同じように答えてみよう。
（目安時間6分）

75

Traveling Overseas

Traveling overseas is an exciting chance to explore new places and experience different cultures. However, some people cannot understand the local language, so they have difficulty communicating with people. Learning to speak foreign languages will make traveling easier and more convenient.

A

B

スピーキング模試②

解答はP.134

音声を聞きながら、本番と同じように答えてみよう。
（目安時間6分）

76

Social Media for Business

Social media platforms have become popular worldwide. They allow people to communicate with each other easily and quickly. Now, many companies post photos and videos on social media, and by doing so they can promote their products and services. It is important that companies communicate with customers online.

A

B

解答・解説

スピーキングおためし模試 P.129

1-1 Do you think it is a good idea for students to use digital devices for studying?
学生が勉強にデジタル機器を使用することは良い考えだと思いますか？

77 【YES 解答例】
Yes. Digital devices have a lot of helpful information. Also, they make learning fun and exciting.
はい。デジタル機器にはたくさんの役立つ情報があります。また、学習を楽しく、ワクワクさせる役割も果たしています。

【NO 解答例】
No. It is difficult for students to concentrate on studying with digital devices. Also, digital devices are not good for students' eyes.
いいえ。学生にとってデジタル機器を使って勉強に集中することは難しいです。また、目にも良くありません。

1-2 There are different ways of staying healthy. Do you do anything good for your health?
健康を維持する方法はさまざまです。あなたは自分の健康のために何か良いことをしていますか？

78 【YES 解答例】
Yes. I go jogging regularly and eat healthy meals every day. Exercising keeps me strong, and eating gives me energy.
はい。私はふだんからジョギングをして、毎日健康的な食事をとっています。運動は私を強く保ち、食事は私にエネルギーを与えてくれます。

【NO 解答例】
No. I am always too busy to worry about my health. It is hard for me to exercise regularly.
いいえ。私は常に忙しくて健康のことを心配する余裕がありません。ふだんから運動することは難しいです。

2-1 Do you think people should read the newspaper every day?
人々は毎日新聞を読むべきだと思いますか？

79 【YES 解答例】
Yes. It is important for people to know what is happening in the world. They can learn new things every day.
はい。人々にとって世界で何が起こっているかを知ることは大切です。毎日新しいことを学ぶことができます。

【NO 解答例】
No. It is more convenient to get the latest information online. Also, printing newspapers wastes a lot of paper.
いいえ。オンラインで最新の情報を得る方が便利です。また、新聞の印刷は多くの紙を無駄にします。

2-2 These days, more and more people choose to live overseas. Would you like to live in a foreign country?
最近では、ますます多くの人が海外での生活を選んでいます。あなたは海外で暮らしたいと思いますか？

80 【YES 解答例】
Yes. I want to learn about different cultures in foreign countries. Also, I'm interested in making foreign friends.
はい。外国で異文化について学びたいです。また、外国の友人を作ることに興味があります。

【NO 解答例】
No. I prefer living in Japan because it is safe and convenient. Also, it is easier to travel abroad than to live there.
いいえ。安全で便利なので、日本に住む方が好きです。また、海外に住むより、海外旅行に行く方が楽です。

スピーキング模試① P.131

81

Traveling Overseas

Traveling overseas is an exciting chance to explore new places and experience different cultures. However, some people cannot understand the local language, so they have difficulty communicating with people. Learning to speak foreign languages will make traveling easier and more convenient.

海外旅行

海外旅行は新しい場所を探索し、異なる文化を体験する素晴らしい機会です。しかし、現地の言葉が理解できず、人々とのコミュニケーションに困難を感じる人もいます。外国語を話せるようになることで、旅行がより簡単で便利になるでしょう。

No.1 According to the passage, why do some people have difficulty communicating with

people?
文章によると、なぜ人々とのコミュニケーションに困難を感じる人がいるのでしょうか？

Because they cannot understand the local language.
現地の言葉が理解できないからです。

they have difficulty communicating with people の前に so「なので」があるので、この文は結果を表しています。答えになる原因は so の前に書かれています。why で聞かれているので Because を文頭に置いて答えます。このとき、some people を代名詞 they に直す必要があります。

No. 2 Now, please look at the people in Picture A. They are doing different things. Tell me as much as you can about what they are doing.
Picture A の人々を見てください。彼らはそれぞれ違うことをしています。彼らがしている行動について、できるだけ多くの情報を教えてください。

A woman is talking on the phone.
女性が電話で話しています。

talk on the phone「電話で話す」は call someone「誰かに電話する」でも良いです。

A boy is getting off the train.
男の子が電車を降りています。

Two girls are waving.
2 人の女の子が手を振っています。

A man is drinking coffee.
男性がコーヒーを飲んでいます。

コーヒーかどうか不明の場合は、drink something「何かを飲む」でも良いです。

A man is pushing a cart.
男性がカートを押しています。

push a cart「カートを押す」は carry a cart「カートを運ぶ」でも良いです。

No. 3 Now, look at the man in Picture B. Please describe the situation.
Picture B の男性を見てください。状況を説明してください。

He wants to buy a ticket, but he can't find his wallet.
彼はチケットを買いたいのですが、財布を見つけられません。

No. 4 Do you think taking a train is better than driving?
電車に乗ることの方が運転するより良いと思いますか？

【YES 解答例】
Yes. Taking a train is less expensive than driving. Also, it is more convenient because there are no traffic jams.
はい。電車に乗ることは、運転するよりも費用が少なくて済みます。また、交通渋滞がないため、より便利です。

【NO 解答例】
No. It is easier to carry heavy items by car. Also, driving gives me freedom to choose what to do and where to go.
いいえ。車の方が重い荷物を運ぶのが簡単です。また、運転することで自由に行動や目的地を選ぶことができます。

No. 5 Some people like to travel alone. Are you interested in traveling alone?
一人で旅行するのが好きな人もいます。あなたは一人で旅行することに興味がありますか？

【YES 解答例】
Yes. Traveling alone gives me a chance to learn many things. Also, it is fun to communicate with local people.
はい。一人で旅行することで多くのことを学ぶ機会があります。また、地元の人々とコミュニケーションを取ることも楽しいです。

【NO 解答例】
No. I enjoy traveling with friends or family. Making memories with them is the best part of traveling.
いいえ。友達や家族と一緒に旅行することが楽しいです。彼らとの思い出作りが旅行の一番良いところです。

スピーキング模試②

P.132

Social Media for Business

Social media platforms have become popular worldwide. They allow people to communicate with each other easily and quickly. Now, many companies post photos and videos on social media, and by doing so they can promote their products and services. It is important that companies communicate with customers online.

ビジネスにおける SNS

SNS は世界中で人気があります。人々は簡単かつ迅速に、互いにコミュニケーションをとることができます。今では多くの企業が SNS に写真や動画を投稿し、そうすることで自社の製品やサービスを宣伝することができます。企業がオンラインで顧客とコミュニケーションをとることは大切です。

No.1 According to the passage, how can companies promote their products and services?
文章によると、企業はどのように製品やサービスを宣伝することができるでしょうか？
By posting photos and videos on social media.
SNS に写真や動画を投稿することによって。

they can promote their products and services の前に by doing so「そうすることで」があるので、この文は結果を表しています。答えになる方法は by doing so の前に書かれています。how で聞かれているので By を文頭に置いて答えます。このとき、post に ing をつけて posting に直す必要があります。

No.2 Now, please look at the people in Picture A. They are doing different things. Tell me as much as you can about what they are doing.
Picture A の人々を見てください。彼らはそれぞれ違うことをしています。彼らがしている行動について、できるだけ多くの情報を教えてください。
A man is using a smartphone.
男性がスマートフォンを使っています。

use a smartphone「スマートフォンを使う」は look at a smartphone「スマートフォンを見る」でも良いです。

A woman is taking a note.
女性がメモを取っています。
A woman is pouring tea.
女性がお茶を注いでいます。

お茶かどうか不明の場合は、pour some drink「何か飲みものを注ぐ」でも良いです。

Two men are shaking hands.
2人の男性が握手しています。
A man is using a copy machine.
男性がコピー機を使っています。

No.3 Now, look at the woman in Picture B. Please describe the situation.
Picture B の女性を見てください。状況を説明してください。
She can't use a computer because she forgot a password.
彼女はパスワードを忘れてしまったので、パソコンを使えません。
She can't log in to a computer because she forgot a password.
彼女はパスワードを忘れてしまったので、パソコンにログインできません。

log in to A で「A にログインする」の意味です。

No.4 Do you think more people should work from home?
より多くの人が在宅勤務をすべきだと思いますか？

【YES 解答例】
Yes. If people don't have to go to work, they can save a lot of time. They can enjoy hobbies or family time.
はい。職場に行かなくてもいいならば、多くの時間を節約できます。趣味や家族との時間を楽しむことができます。

【NO 解答例】
No. Some jobs need face-to-face communication. Also, it is hard for some people to concentrate on work at home.
いいえ。一部の仕事は対面でのコミュニケーションが必要です。また、自宅での仕事に集中することが難しい人もいます。

No.5 Nowadays, many people use foreign products. Do you like to use foreign products?
最近では、多くの人が外国製品を使用しています。あなたは外国製品を使うのが好きですか？

【YES 解答例】
Yes. Many foreign products are cheaper than Japanese ones. Also, I enjoy their unique designs.
はい。日本製品より海外製品の方が安いものが多いです。また、個性的なデザインも楽しんでいます。

【NO 解答例】
No. Japanese products have higher quality. I want to support Japanese companies by buying their products.
いいえ。日本製品の品質の方が高いです。私は日本企業の製品を買うことで彼らを支援したいです。

資料 1　セットで覚えるパラフレーズ

同じ単語や表現を繰り返し使うのではなく、似た意味の別表現に言い換える＝パラフレーズすることで英文が格段にレベルアップします。

83

名詞

chance = opportunity
機会

problem = issue
問題

influence = effect
影響

skill = ability
能力

choice = option
選択肢

benefit = advantage
利点

形容詞

good = positive
良い

bad = negative
悪い

difficult = hard
難しい

helpful = useful
役に立つ

important = essential
大切な

fast = quick
速い

84

動詞

start A = begin A
A を始める

stop A = quit A
A をやめる

like A = prefer A
A を好む

have A = own A
A を所有する

think ~= believe ~
~であると考える

get A = receive A
A を受け取る

give A B = provide A with B
A に B を与える

improve A = make A better
A を改善する

increase = grow
増える

help A = assist A
A を助ける

create A = produce A
A を作る

discover A = find out A
A を見つける

資料 2 便利な鉄板構文

115 **It is easy to ～**（動詞の原形）.
～するのは簡単です。

116 **It is important to ～**（動詞の原形）.
～することは大切です。

117 **It is convenient for people to ～**（動詞の原形）.
～するのは人々にとって便利です。

118 **It will be**〈形容詞〉**when A ～**（動詞）.
A が～すると〈形容詞〉になります。

119 **It is too**〈形容詞〉**to ～**（動詞の原形）.
〈形容詞〉すぎて～できません。

120 **A cannot …**（動詞の原形）**without ～ing**.
～せずに、A は…できません。

121 **It is a good idea to ～**（動詞の原形）.
～するのは良い考えです。

122 **It can be a good experience to ～**（動詞の原形）.
～するのは良い経験になります。

123 **A give(s) B a chance to ～**（動詞の原形）.
A は B に～する機会を与えてくれます。

124 **A is [are] looking for ways to ～**（動詞の原形）.
A は～するための方法を探しています。

125 **A will make it**〈比較級〉**to ～**（動詞の原形）.
A は～することをより〈比較級〉にしてくれるでしょう。

126 A find(s) it〈形容詞〉to ～(動詞の原形).
A は～することを〈形容詞〉だと感じます。

127 It is said that A ～(動詞).
A は～すると言われています。

128 It costs money to ～(動詞の原形).
～するにはお金がかかります。

129 ～ing is a good way to ... .
～することは…するのに良い方法です。

130 ～ing can be〈形容詞〉.
～することは〈形容詞〉になることがあります。

131 ～ing helps A ... .
～することで A は…することができます。

132 A can ... by ～ing.
A は～することで…できます。

133 A can stop B from ～ing.
AはBが～するのを防ぐことができます。

134 More people will ～(動詞の原形).
より多くの人が～するでしょう。

135 Fewer people will ～(動詞の原形).
～する人は少なくなるでしょう。

136 If A ～(動詞 1), A can ...(動詞 2).
もし A が～すれば、…できます。

資料 3 テーマ別鉄板ボキャブラリー

教育

137 **English ability**
英語力

138 **creative thinking**
創造的思考

139 **future career**
将来のキャリア

140 **learning environment**
学習環境

テクノロジー

141 **information technology**
情報技術

142 **digital communication**
デジタルコミュニケーション

143 **personal information**
個人情報

144 **social media**
SNS

ビジネス

145 **work experience**
職務経験

146 **remote work**
リモートワーク

147 **career opportunity**
キャリアの機会

148 **high income**
高収入

社会・健康

149 **mental and physical health**
心身の健康

150 **enough exercise**
十分な運動

151 **the aging society**
高齢化社会

152 **public safety**
公共の安全

環境

153 **environmental issue**
環境問題

154 **global warming**
地球温暖化

155 **electric vehicle**
電気自動車

156 **plastic bag**
ビニール袋

おわりに

ここまで頑張ったみなさま、お疲れ様でした。
まずは、この一冊をやり抜いた自分を褒めてあげてください。

みなさまの多くは、英作文や面接に対する苦手意識や不安を抱えながら
本書を手に取ったのではないでしょうか。
数ある参考書の中から本書を選んでいただき、ありがとうございました。

私は、中学1年生の時にはじめて英検5級を受験してから、
周り道しながらも地道に1つずつ級をクリアしてきました。

自分自身が英語学習で苦労してきた経験と、
これまで多くの学習者の英検対策をサポートしてきた経験から言えるのは、
英作文と面接は出題されるトピックが似ているから、
2技能を同時に学習するのが効率的ということです。

そんな考えのもと、これまでありそうでなかった
「英作文と面接に完全特化し、2技能同時に短期間で対策できる一冊」
として、すぐに使える語彙や構文のインプットと、
それらを実際に使えるようにするためのアウトプットをバランス良く入れて
細部までとことんこだわって作ったのが本書です。

この一冊をやり抜いた今、一人でも多くの方に
「一歩前に進めたかも！」
と希望を感じてもらえていたら、この上なく嬉しいです。

とはいえ、人間は忘れる生き物・・・
まだ本番まで時間に余裕がある方は復習も兼ねてぜひもう一周してみてください。
「定着するまでくり返す」
これが英語学習の基本です。

英検準2級の合格を目指すみなさまが、
試験当日に思う存分自分の力を出し切れることを心から願っています。

英検®対策コーチングスクール「エイゴバ」事業責任者
ミトママ

「直前見直しシート」ダウンロードのご案内

本書をご購入いただき、誠にありがとうございます。「もう本番まで時間がない…」という方は、購入特典の「直前見直しシート」をぜひご活用ください。DAY 1 ~ 7 で学んだことを 1 枚ずつサクッとおさらいできるようになっています。

QR コードを読み取り、特設サイトでパスワードをご入力ください。サイトでスマートフォンに画像をダウンロードしてください。

↓ここからダウンロード
https://kdq.jp/pre2_sheet

パスワード
kouryaku

注意事項

- 無断転載・再配布などは行わないでください。
- PC・スマートフォン対象（機種によっては対応外の場合あり）。
- ダウンロードにかかる通信料はお客様のご負担となります。
- 本画像の提供はシステム等のやむを得ない事情により予告なく中断・終了となる場合があります。

みなさまの合格をお祈りいたします！

イラスト／熊アート

装丁・デザイン／高橋明香（おかっぱ製作所）

英文校正／Brooke Lathram-Abe

校正／中久喜泉・鷗来堂

音声収録／ELEC

企画制作／武田惣人

英検® 準2級の英作文・面接をゼロから7日で攻略する本

2023年11月29日　初版発行

著者／ミトママ

発行者／山下 直久

発行／株式会社KADOKAWA
〒102-8177　東京都千代田区富士見2-13-3
電話　0570-002-301（ナビダイヤル）

印刷所／株式会社加藤文明社印刷所
製本所／株式会社加藤文明社印刷所

●お問い合わせ
https://www.kadokawa.co.jp/（「お問い合わせ」へお進みください）
※内容によっては、お答えできない場合があります。
※サポートは日本国内のみとさせていただきます。
※Japanese text only

定価はカバーに表示してあります。

ISBN 978-4-04-606337-3　C0082